DELF
Junior | Scolaire
A2
200 activités

Cécile JOUHANNE

Stéphanie BOUSSAT

CLE
INTERNATIONAL
www.cle-inter.com

Édition : Dominique Colombani
Couverture : Michel Munier
Illustrations : Isa Python
Adaptation de la maquette, mise en pages :
Nicole Sicre et Lo Yenne

Avant propos

Le nouveau dispositif du DELF – Diplôme d'études en langue française – a été officiellement modifié en septembre 2005. Depuis cette date, les unités capitalisables ont disparu. Aujourd'hui, le mot DELF ou DALF à valeur de diplôme. On distingue ainsi l'ordre ci-dessous pour le public adulte :

DELF A1	DELF B1	DALF C1
DELF A2	DELF B2	DALF C2

Ce système existe également pour le public adolescent âgé de 12 à 15 ans, c'est le DELF Junior ou scolaire sans les niveaux C.

➤ Les mentions A1, A2, B2, C1, C2 correspondent aux échelles de niveaux du Cadre Européen Commun de Référence. Ce qui implique que les nouveaux diplômes sont calibrés sur ces échelles. Les épreuves proposées pour chacun des niveaux sont organisées sous forme de tâche à réaliser telles que l'on pourrait avoir à les mettre en œuvre dans la vie courante.

➤ Les examens du DELF sont proposés à tous ceux qui ont besoin d'une reconnais-sance officielle de leur niveau en langue française. **Cet ouvrage correspond au DELF A2 Junior** ou DELF scolaire qui présente des épreuves écrites et orales en réception et en production.
Il correspond à un enseignement allant de 200 à 250 heures de français, selon le contexte et le rythme d'enseignement. Les activités d'entraînement proposées sont destinées à un public d'adolescents en contexte scolaire ou non, les documents choisis sont en relation avec l'âge des futurs candidats. Elles offrent un équilibre entre l'activité de compréhension et celle de production à l'oral comme à l'écrit.

➤ En terme de connaissances et de compétences, le niveau A2 évalue une compétence élémentaire qui permet d'utiliser les formes quotidiennes de politesse et d'adresse, d'accueil, de répondre à des questions sur la profession, les loisirs, des formes d'invitation… Mais aussi de pouvoir mener à bien un échange simple dans un magasin, un musée, un cinéma, de demander des informations pratiques sur des horaires, un numéro de téléphone, le nom d'une rue, acheter un billet et de pouvoir se déplacer en étant capable d'emprunter les transports en commun et d'obtenir des renseignements sur les informations de base les concernant.

➤ Les objectifs de ce matériel sont les suivants :
• préparer à un diplôme dont les contenus sont déterminés dans le tableau ci-après.
• permettre à chacun de se mesurer aux difficultés et aux types d'épreuves, à son rythme, en lui faisant acquérir les éléments indispensables (grammaire, phoné-tique, communication orale et écrite…).

➤ L'équipe qui a conçu cette préparation est composée de spécialistes de l'évaluation en français, fortement impliqués dans le DELF et dans d'autres systèmes de certification (auteurs de manuels, formateurs, responsables de centres d'enseignement du français…). Il se sont appuyés sur leur expérience personnelle et ont intégré au plus près les indications et orientations du Conseil de l'Europe présentées dans le Cadre Européen Commun de Référence et les référentiels pour les langues nationales et régionales, par le ministère de l'Éducation nationale et par la commission nationale et le conseil d'orientation pédagogique du DELF et de DALF.

➤ **Ce manuel présente donc tous les éléments indispensables pour une préparation efficace.**

Isabelle NORMAND
Responsable du service Pédagogie
et Certifications, Alliance française
de Paris

Richard LESCURE
Responsable de la filière Français
comme langue étrangère (Université
d'Angers), Président de Jury,
Membre du Conseil d'Orientation
pédagogique DELF-DALF et du
groupe d'experts pour la rénovation
du DELF-DALF.

Sommaire

ÉCRIRE

PRODUCTION ÉCRITE → **page 79**

Nature des épreuves	Descripteurs A2
Écrire des lettres personnelles .... p. 80	Écrire une lettre personnelle très simple pour exprimer remerciements, invitations, demandes, informations, félicitations, excuses.
Écrire des notes, des messages, remplir un formulaire .... p. 92	Écrire une note ou un message simple et bref, concernant des nécessités immédiates.
Décrire et raconter des évènements et des expériences personnelles .... p. 106	Écrire sur les aspects quotidiens de son environnement. Faire une description brève et élémentaire d'un événement, d'activités passées et d'expériences personnelles. Décrire des projets et préparatifs, des habitudes et occupations journalières. Expliquer en quoi une chose lui plaît ou lui déplaît. Décrire sa famille, ses conditions de vie, sa formation. Décrire les gens, les lieux et choses en termes simples.

PARLER

PRODUCTION ORALE → **page 121**

Nature des épreuves	Descripteurs A2
Parler de soi : entretien .... p. 122	Établir un contact social : salutations, congé, présentation, remerciements. Dire en termes simples comment il/elle va et remercier. Utiliser des formules de politesse simples et courantes. Dire ce qu'il (elle) aime ou non. Poser des questions et y répondre sur le travail et le temps libre. Décrire sa famille, ses conditions de vie, sa formation, les lieux et les choses.
Décrire des évènements et des expériences personnelles .... p. 126	Comprendre suffisamment pour communiquer sur des sujets familiers et simples. Répondre à des questions sur les loisirs et les activités passées et en poser. Demander et fournir des renseignements personnels. Décrire les aspects de son environnement quotidien. Faire une description brève et simple d'un événement ou d'une activité. Décrire des projets et préparatifs, des habitudes et occupations. journalières, des activités passées et des expériences personnelles.
Communiquer dans des situations de la vie quotidienne .... p. 143	Demander des directives et en donner. Communiquer au cours de simples tâches courantes. Se débrouiller dans les situations courantes de la vie quotidienne telles que déplacements, logement, repas et achats. Obtenir et fournir biens et services d'usage quotidien. Utiliser les transports publics, demander et expliquer un chemin à suivre, ainsi qu'acheter des billets. Demander et fournir des renseignements à propos d'une quantité, un nombre, un prix.

COMPRÉHENSION DE l'ORAL

Compréhension générale de l'oral

Les activités proposées dans cette partie vous permettront de mieux appréhender les situations de communication (qui parle ? à qui ? où ?) et les sentiments exprimés.

Comprendre une interaction entre locuteurs natifs

Dans cette partie, vous écouterez des discussions et vous devrez identifier les personnes qui parlent et le sujet principal de la discussion.

Comprendre des annonces et instructions orales

Dans cette partie, vous devrez comprendre les(s) point(s) essentiel(s) d'un extrait radiophonique (reportage, recette de cuisine…) ou d'un programme touristique, ou d'un mode d'emploi à suivre, ou d'un itinéraire à comprendre.

Comprendre des émissions de radio et des enregistrements

Dans cette partie, vous serez amené à extraire l'information essentielle d'extraits radiophoniques (messagerie, météo, journal…).

Comment procéder

L'approche proposée repose sur une écoute attentive des enregistrements.

- D'abord, lisez les questions.
- Vous entendrez une première fois l'enregistrement, c'est la première écoute.
- Ne répondez pas immédiatement aux questions sauf si vous êtes sûrs de vos réponses.
- Vous avez alors 30 secondes de pause, puis vous pouvez commencer à répondre aux questions.
- Ensuite, vous avez une deuxième écoute. Cette deuxième écoute vous servira à compléter les questions auxquelles vous n'avez pas pu répondre lors de la première écoute et aussi de vérifier les réponses que vous avez complétées la première fois.
- Puis 30 secondes de pause pour compléter vos réponses.

COMPRÉHENSION GÉNÉRALE

1 🎧 Vous allez entendre six messages différents. Pour chacun de ces messages, indiquez s'il s'agit d'un message public, d'une conversation amicale, d'une explication scientifique, d'une publicité, de résultats sportifs ou d'un échange formel.

	Explication scientifique	Message public	Conversation amicale	Échange formel	Publicité	Résultats sportifs
1					✓	
2						
3						
4						
5						
6						

 2 🎧 Vous allez entendre quatre enregistrements différents.
Pour chaque enregistrement, indiquez dans quel endroit vous pouvez l'entendre. Écrivez en face de chaque lieu le numéro de l'enregistrement correspondant.

Enregistrement n°

1 > Dans une salle de classe ....

2 > Sur un répondeur téléphonique ....

3 > Dans le métro ....

4 > Dans une patinoire ....

 3 🎧 Écoutez ces extraits.
Indiquez dans quelles situations vous pouvez entendre ces échanges.

Extrait / Situations	1	2	3	4	5	6	7	8
Scolaire *Élève / prof*								
Familiale *Frère / sœur* *Parents / enfants*								
Amicale *2 ami(e)s*								
Formelle *Client / vendeur*								

4 Pour chaque phrase, dites quel sentiment la personne exprime.
Cochez la case correspondante.

	La déception	La surprise	L'irritation	La peur	La joie
1					
2					
3					
4					
5					

5 Écoutez les huit phrases. Dites, à chaque fois, s'il s'agit d'une affirmation, d'une interrogation, si la personne exprime un ordre ou un reproche.
Cochez la bonne case.

	1	2	3	4	5	6	7	8
Affirmation								
Interrogation								
Ordre								
Reproche								

6 Écoutez les huit phrases et dites si la personne parle d'un événement passé, présent ou futur.
Cochez la réponse exacte.

	Passé	Présent	Futur
1 >	☐	☐	☐
2 >	☐	☐	☐
3 >	☐	☐	☐
4 >	☐	☐	☐
5 >	☐	☐	☐
6 >	☐	☐	☐
7 >	☐	☐	☐
8 >	☐	☐	☐

7 🎧 Écoutez l'enregistrement puis répondez.

1 > C'est une discussion :

a > entre un frère et une sœur .... ☐

b > entre un cousin et une cousine .... ☐

c > entre deux amis .... ☐

2 > Victor parle de ce qu'il a fait :

a > le samedi et le dimanche .... ☐

b > pendant ses vacances .... ☐

c > pendant sa semaine .... ☐

3 > Il est allé :

a > à la campagne .... ☐

b > au bord de la mer .... ☐

c > à la montagne .... ☐

4 > Quelle activité sportive a-t-il pratiquée ? Cochez la case de la photo correspondante.

☐

☐

☐

☐

8 🎧 [7] Écoutez de nouveau le dialogue.
*Les affirmations suivantes sont-elles vraies (**V**), fausses (**F**), ou on ne sait pas (**?**) ? Cochez la réponse correcte.*

	V	F	(?)
a > Victor est allé dans sa famille.	☐	☐	☐
b > Il faisait chaud.	☐	☐	☐
c > Il a pratiqué un sport qu'il connaît bien.	☐	☐	☐
d > Il a mangé une galette jambon-fromage.	☐	☐	☐
e > Victor n'aime pas les huîtres.	☐	☐	☐
f > Alice a regardé la télé.	☐	☐	☐

9 🎧 Écoutez l'enregistrement puis répondez.

1 > À quelle heure la piscine ouvre-t-elle ?

	Lundi	Mardi	Mercredi	Jeudi	Vendredi	Samedi	Dimanche	Jours fériés
9 h 00								
11 h 30								
Midi								

2 > Quel jour ferme-t-elle le plus tard ? À quelle heure ?

Le .... à ....

10 🎧 [9] Répondez.

Donnez le tarif exact.

a > Une personne de 35 ans qui travaille paie .... euros.

b > Un adolescent paie .... euros.

c > Une carte d'abonnement tarif réduit coûte .... euros.

11 🎧 [9] Répondez.

1 > Quel est le numéro de téléphone du club de natation ?

Le ....

2 > Le club de natation permet de ....

....

12 🎧 Écoutez l'enregistrement puis répondez.

1 > **Benoît Poelvoorde est :**

a > ☐ réalisateur

b > ☐ journaliste

c > ☐ acteur

2 > **Quel âge a-t-il ?** ....

3 > **L'interview a lieu dans :**

a > ☐ un restaurant de Paris

b > ☐ un café de Namur

c > ☐ chez Benoît Poelvoorde

13 🎧 Répondez.

1 > **En quelle année le film** *C'est arrivé près de chez vous* **a-t-il été réalisé ?**
En ....

2 > **Qui l'a réalisé ?**

a > ☐ Rémy Belvaux

b > ☐ Benoît Mariage

c > ☐ Benoît Poelvoorde

14 🎧 Vrai / faux ? Répondez.

a > *Les convoyeurs attendent* est son film favori. .... Vrai ☐   Faux ☐

b > Il pense que le dernier *Star Wars* est trop commercial. .... Vrai ☐   Faux ☐

c > Il aimerait être un chat parce qu'il ne ferait rien de la journée. ..... Vrai ☐   Faux ☐

15 🎧 Écoutez l'enregistrement puis répondez.

1 > **Quel est le prénom de l'élève ?**

....

2 > **Il discute avec son professeur :**

a > ☐ de français

b > ☐ d'histoire

c > ☐ de sciences physiques

16 Répondez.

1 > **Il veut rendre son devoir plus tard parce que :**

a > ☐ il sera absent la semaine prochaine ;

b > ☐ il a du mal à comprendre les consignes ;

c > ☐ il a été malade cette semaine.

2 > **Le professeur accepte. Quel jour peut-il le rendre ?**

....

17 Écoutez l'enregistrement puis répondez.

1 > **Dans quel magazine est parue l'enquête ?**

....

2 > **Combien de jeunes aiment assez lire ?**

a > ☐ 37 %

b > ☐ 47 %

c > ☐ 45 %

3 > **Combien de jeunes lisent un journal ?**

.... %

18 Écoutez de nouveau l'enregistrement et répondez.

1 > **Complétez le tableau suivant avec les pourcentages entendus.**

Êtes-vous d'accord avec les affirmations suivantes concernant les quotidiens ?	Oui (en %)
Les quotidiens : – sont un moyen efficace de vous informer.	
– permettent de vous instruire.	
– ne sont pas écrits dans un style qui vous correspond.	
– ne sont pas assez illustrés.	
– sont gais et colorés.	

2 > Complétez le tableau en indiquant en face de chaque titre de quel type de magazine il s'agit. Vous pouvez écoutez de nouveau l'enregistrement.

Titre de magazine	Type auquel il appartient
ELLE	
Hola	
Studio	

3 > Quand on dit « magazine », à quel type de magazine les jeunes pensent-ils ?

Écoutez de nouveau l'enregistrement et complétez le tableau en indiquant en face de chaque titre de magazine, le type auquel il appartient et le pourcentage qui lui est attribué.

Titre	Type de magazine	Pourcentage attribué
Femme actuelle		
Voici		
Géo		

19 Écoutez l'enregistrement et répondez aux questions.

1 > Après deux écoutes, répondez.

a > Quel est le nom de l'émission ?

....

b > Cette émission est :

☐ quotidienne ;   ☐ hebdomadaire ;   ☐ mensuelle.

c > D'après l'étude Consojunior, combien d'adolescents reçoivent de l'argent de poche :

☐ 25 % ;   ☐ 50 % ;   ☐ 70 %.

d > Combien reçoivent-ils par mois ?

.... euros.

2 > Écoutez de nouveau l'enregistrement.

Dites si les affirmations ci-dessous concernent Gaëlle ou Fabien.

Qui...	Gaëlle	Fabien
– travaille dans un restaurant.		
– reçoit de l'argent pour les fêtes.		
– aime les sucreries.		
– achète des vêtements.		
– aime le cinéma.		
– reçoit de l'argent comme récompense.		
– fais du baby-sitting.		
– aime la musique.		
– a un téléphone portable.		
– aime les bandes dessinées.		
– économise l'argent.		

20

1 > **Il s'agit d'un dialogue entre :**

☐ deux amis ;

☐ un frère et une sœur ;

☐ un cousin et une cousine.

2 > **Le dialogue se passe :**

☐ au téléphone ;

☐ dans une chambre ;

☐ dans un magasin.

3 > **Dites à qui est destiné chaque cadeau. Sous chaque objet, notez le nom :**
Léa, Louis, Mathis, Charline, Violaine, la mère, le père.

....

....

....

....

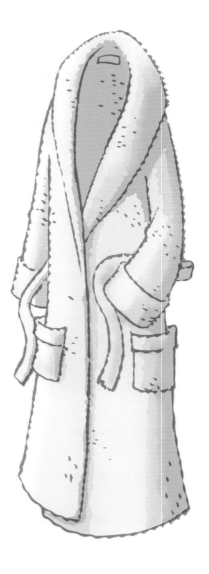

....

....

....

21 🎧 Écoutez l'enregistrement puis répondez.

1 > **Il s'agit d'un dialogue entre :**

a > ☐ deux amies   b > ☐ deux sœurs   c > ☐ une mère et sa fille

2 > **Caroline a trouvé deux chats.** Est-ce vrai (V), faux (F) ou on ne sait pas (?)

☐ Vrai   ☐ Faux   ☐ (?)

3 > **Caroline habite en ville.**

☐ Vrai   ☐ Faux   ☐ (?)

22 🎧 Répondez.

1 > **De quelles couleurs est le chat que Caroline veut garder ?**

.... et ....

2 > **Le père de Caroline :**

a > ☐ aime bien les chats.   b > ☐ a peur des chats.   c > ☐ est allergique aux chats.

COMPRENDRE DES ANNONCES ET DES INSTRUCTIONS

23 🎧 Écoutez l'enregistrement puis répondez.

1 > **Il s'agit d'une recette pour réaliser.**

a > ☐ une entrée   b > ☐ un plat   c > ☐ un dessert

2 > **Notez sous chaque ingrédient la quantité nécessaire pour réaliser la recette.**

............cl d' ....

............g de ....

............g de ....

.... œufs

17 > COMPRÉHENSION DE L'ORAL

3 > Cochez les ustensiles nécessaires à la préparation.

4 > Pendant la cuisson, à quelle température doit être le four ?

a > ☐ 180 degrés

b > ☐ 141 degrés

c > ☐ 120 degrés

24 🎧 Écoutez de nouveau l'enregistrement.
Remettez les actions dans l'ordre chronologique, de 1 à 6.

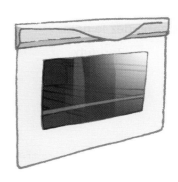

a > n° ....

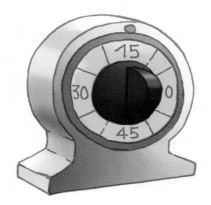

b > n° ....

c > n° ....

d > n° ....

e > n° ....

f > n° ....

25 🎧 Écoutez l'enregistrement puis répondez.

1 > André Franquin est :

☐ un dessinateur ;   ☐ un personnage de BD ;   ☐ un scientifique.

2 > Parmi tous ces personnages, cochez ceux dont vous entendez le nom.

☐ Jack Palmer   ☐ Lucky Luke   ☐ Zorglub

☐ Zorro   ☐ Gaston Lagaffe   ☐ Panoramix

3 > L'exposition se termine le ....

4 > Vrai ou Faux.

a > L'exposition est ouverte tous les jours. .... Vrai ☐   Faux ☐

b > On peut venir le dimanche à partir de 10 heures. .... Vrai ☐   Faux ☐

26 🎧 Écoutez l'enregistrement puis répondez.

1 > Cochez la case des photos de bébés animaux cités dans l'annonce.

a >
☐

b >
☐

c >
☐

d >
☐

e >
☐

f >
☐

2 > Quel jour a lieu la « journée des nouveau-nés » ? ....

27 🎧 (26) Écoutez de nouveau l'enregistrement puis répondez.

1 > **Au cours de cette journée, vous pourrez :**

a > ☐ fabriquer du pain

b > ☐ manger des yaourts

c > ☐ regarder des documentaires

2 > **Cochez la bonne réponse.**

a > Une chèvre produit :

    ☐ 500

    ☐ 600

    ☐ 700 litres de lait par an.

b > En une fois, une truie peut donner naissances à :

    ☐ 2 bébés

    ☐ 10 bébés

    ☐ 12 bébés

28 🎧 Écoutez l'enregistrement puis répondez.

1 > **Cette annonce s'adresse à des jeunes :**

a > ☐ chanteurs

b > ☐ musiciens

c > ☐ danseurs

2 > **Vrai ou faux ?**

a > C'est une école qui recherche de jeunes adolescents. .... Vrai ☐   Faux ☐

b > Pour former l'ensemble, on recrute 10 personnes. .... Vrai ☐   Faux ☐

c > Les candidatures doivent être envoyées avant le 13 avril. .... Vrai ☐   Faux ☐

d > C'est le candidat qui choisit sa musique lors de la finale. .... Vrai ☐   Faux ☐

3 > **Complétez le numéro de téléphone :** 01 49 ....

29 🎧 Écoutez l'enregistrement puis répondez.

1 > **Qui parle à qui ?**

a > ☐ Un père de famille à ses enfants.

b > ☐ Un professeur de géographie à des élèves.

c > ☐ Un guide touristique à des touristes.

2 > **Quel jour à lieu la visite ?**

....

3 > **Cochez les moyens de transport qui vont être utilisés.**

☐

☐

☐

☐

☐

4 > **Associez un horaire à chaque phrase.**

a > Le départ du train à Rennes est à ....   7 h 00   21 h 30

b > Il arrive à Paris à ....   10 h 10   7 h 15

c > Pour le retour, le train part de Paris à ....   18 h 35   8 h 05

30 🎧 Écoutez de nouveau l'annonce et notez par ordre chronologique, de 1 à 4, les endroits de Paris cités.

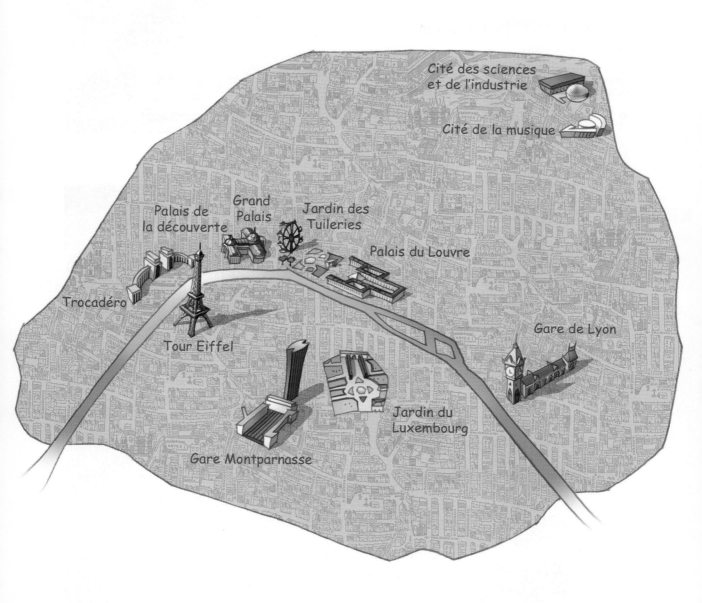

a > Le Trocadéro .... ☐   **b** > La tour Eiffel .... ☐

c > Le Palais de la découverte .... ☐   **d** > Le Grand Palais .... ☐

e > Le jardin des Tuileries .... ☐   **f** > Le palais du Louvre .... ☐

g > Le jardin du Luxembourg .... ☐   **h** > La gare Montparnasse .... ☐

i > La gare de Lyon .... ☐   **j** > La Cité des sciences et de l'industrie ...... ☐

k > La Cité de la musique .... ☐

31 🎧²⁹ **Vous pouvez écoutez de nouveau l'enregistrement. Répondez.**

Dans quelle exposition je peux :	Le littoral vu du ciel	Climax
a > comprendre l'influence des activités humaines sur le réchauffement de la planète	☐	☐
b > admirer des paysages de bord de mer	☐	☐

32 🎧 **Écoutez l'enregistrement puis répondez.**

1 > Le concours est organisé par :

a > ☐ une association humanitaire ;

b > ☐ le ministère de l'Éducation ;

c > ☐ une chaîne de supermarché.

2 > Il est adressé aux :

a > ☐ enfants,

b > ☐ adolescents,

c > ☐ aux enfants et aux adolescents.

3 > Combien y a-t-il de gagnants ?

a > ☐ 15

b > ☐ 65

c > ☐ 75

33 🎧³² **Vrai ou Faux. Cochez la bonne case.**

	Vrai	Faux
a > Le concours existe depuis treize ans.	☐	☐
b > L'objectif du concours est de distribuer du matériel scolaire.	☐	☐
c > Pour ce concours, il faut fabriquer un masque.	☐	☐
d > Pendant la semaine, ils visitent un seul pays.	☐	☐

COMPRENDRE DES ÉMISSIONS DE RADIO ET DES ENREGISTREMENTS

34 🎧 Vous téléphonez au cinéma « Le Vauban » et vous entendez ce message.

a > ☐ Pour connaître les nouveaux films à l'affiche, j'appuie sur la touche n° ....

b > ☐ Pour connaître les prix, j'appuie sur la touche n° ....

c > ☐ Pour parler avec une personne en direct, j'appuie sur la touche n° ....

35 🎧 Écoutez l'enregistrement puis répondez.

Prix

a > Vous avez 15 ans, vous payez : .... €

b > Vous allez voir un film à la séance de 11 heures, vous payez : .... €

c > Vous allez au cinéma avec votre petit frère de 6 ans, il paie : .... €

d > Vous allez au cinéma un samedi avec votre grand-mère de 61 ans, elle paie : .... €

e > Vous allez voir un film le samedi avec votre père, il paie : .... €

36 🎧 Écoutez les titres films qui passent au Vauban cette semaine.
Pour chaque film, cochez le genre correspondant.

	Pollux	Iznogoud	La Marche de l'empereur	Aviator	Les Choristes
Biographie					
Comédie					
Dessin animé					
Comédie dramatique					
Documentaire					

37 🎧 Réécoutez les films à l'affiche et notez la durée de chaque film.

	Pollux	Iznogoud	La Marche de l'empereur	Aviator	Les Choristes
Durée					

38 Écoutez une nouvelle fois l'enregistrement.

Pour quel film avez-vous entendu ces noms ? Cochez la case correspondante.

Noms propres et personnages des films	Pollux	Iznogoud	La Marche de l'empereur	Aviator	Les Choristes
Bagdad		✔			
Howard Hughes					
poussin					
calife					
surveillant					
casse-cou					
sorcier					
Clément Mathieu					
Margote					
vizir					
manchot					

39 Écoutez une nouvelle fois l'enregistrement.

Pour quel film avez-vous entendu ces noms de lieux ? Cochez la case.

Lieux	Pollux	Iznogoud	La Marche de l'empereur	Aviator	Les Choristes
Bagdad		✔			
Antarticque					
Océan					
Manège enchanté					
Pensionnat					

40 Écoutez une nouvelle fois l'enregistrement.

Pour quel film avez-vous entendu ces caractéristiques ? Cochez la case.

Caractéristiques	Pollux	Iznogoud	La Marche de l'empereur	Aviator	Les Choristes
Gourmand	✔				
Tumultueuse					
Intrépide					
Magnifique					
Vitale					
Ambitieux					
Chorale					

41 🎧 Écoutez l'enregistrement puis répondez.

1 > **Sonia est :**

a > ☐ une copine de Vincent ;

b > ☐ une amie de Jules ;

c > ☐ la sœur de Jules.

2 > **Elle va avoir :**

a > ☐ 18 ans,

b > ☐ 6 ans,

c > ☐ 16 ans.

3 > **Jules appelle Vincent pour :**

a > ☐ l'inviter à la soirée ;

b > ☐ filmer l'anniversaire ;

c > ☐ organiser la fête.

4 > **Quel est le numéro de téléphone de Sonia ?**

Le ....

42 🎧 Écoutez ces six informations puis associez chacune d'elles à la rubrique qui convient.

Information n°	Rubrique
1	**a** > Faits divers
2	**b** > Éducation
3	**c** > Société
4	**d** > Sports
5	**e** > Cinéma
6	**f** > Météo

1 > ....

2 > ....

3 > ....

4 > ....

5 > ....

6 > ....

43 🎧 Écoutez les informations et associez chaque sportif au sport qu'il pratique.

Sportifs :

a > Hugo Sabido .... ☐

b > Vincent Vittoz .... ☐

c > Christine Arron .... ☐

d > Balmont .... ☐

e > Bruno Peyron .... ☐

f > Amélie Mauresmo .... ☐

g > O'Grady .... ☐

h > Vincent Le Dauphin .... ☐

i > Venus Williams .... ☐

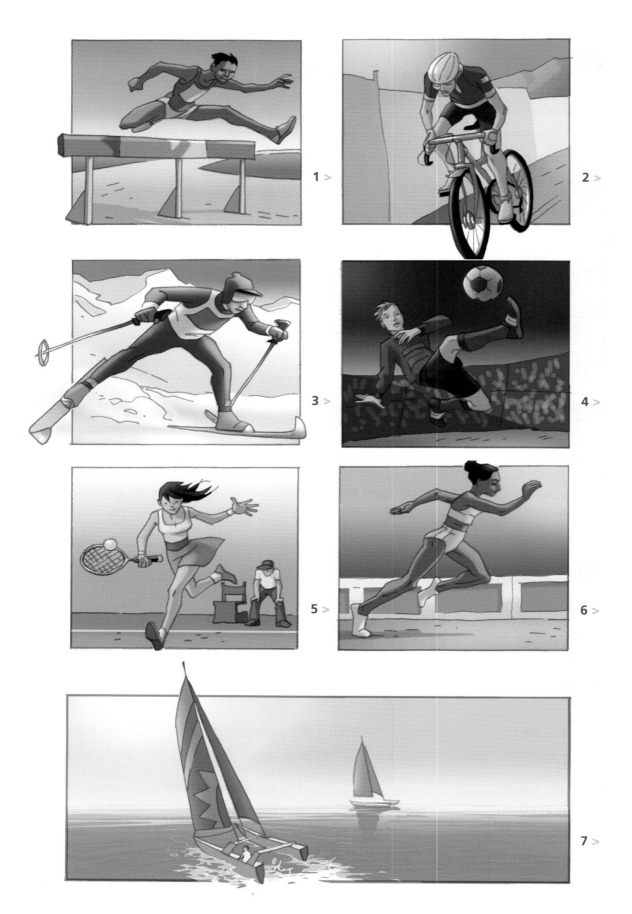

1 >

2 >

3 >

4 >

5 >

6 >

7 >

44 Écoutez une nouvelle fois les résultats sportifs.
Pour chaque événement sportif de la liste du tableau, trouvez le sport correspondant. Cochez la bonne case.

Sports / Événements	Tennis	Ski nordique	Voile	Athlétisme	Football	Cyclisme
Ligue 1					✔	
Tournoi d'Anvers						
Trophée Jules Verne						
Championnat de France en salle						
Tour de l'Algarve						
Championnat du monde						

45 Attribuez à chaque sportif le chiffre correspondant à ses résultats.

1 > Amélie Mauresmo ....

2 > Vincent Vittoz ....

3 > Bruno Peyron ....

4 > Christine Arron ....

5 > Balmont ....

6 > Hugo Sabido ....

a > 7" 13

b > 188 km

c > 61ᵉ minute

d > 2 x 15 km

e > 4 - 6, 7 - 5, 6 - 4

f > 25 nœuds

46 🎧 **Écoutez l'enregistrement puis répondez.**

1 > Notez dans l'ordre les pays visités par le président américain. Il y a deux intrus.
Slovénie ; Allemagne ; Slovaquie ; France ; Belgique.

.... ; .... ; ....

2 > Après l'Europe, où ira-t-il ?

....

47 🎧 **Écoutez l'enregistrement puis répondez.**

1 > **Combien de membres composent la commission d'évaluation du CIO ?**

a > ☐ 16

b > ☐ 13

c > ☐ 120 ?

2 > **Vrai / Faux ?**

a > Ils sont arrivés la veille. .... Vrai ☐   Faux ☐

b > Ils restent quatre jours. .... Vrai ☐   Faux ☐

c > Ils ont été accueillis par le président de la République. .... Vrai ☐   Faux ☐

48 🎧 **Répondez.**

1 > **Quelles autres villes ont-ils déjà visitées ?**

☐ Moscou

☐ Madrid

☐ Londres

☐ Singapour

☐ New York

2 > **Quel jour sera connue la nouvelle ville olympique ?**

Le ....

3 > **Combien de Français sont d'accord pour que les jeux se déroulent à Paris :**

....

49 Écoutez l'enregistrement puis dessinez le temps qu'il fera sur la France en plaçant les symboles à leur place.

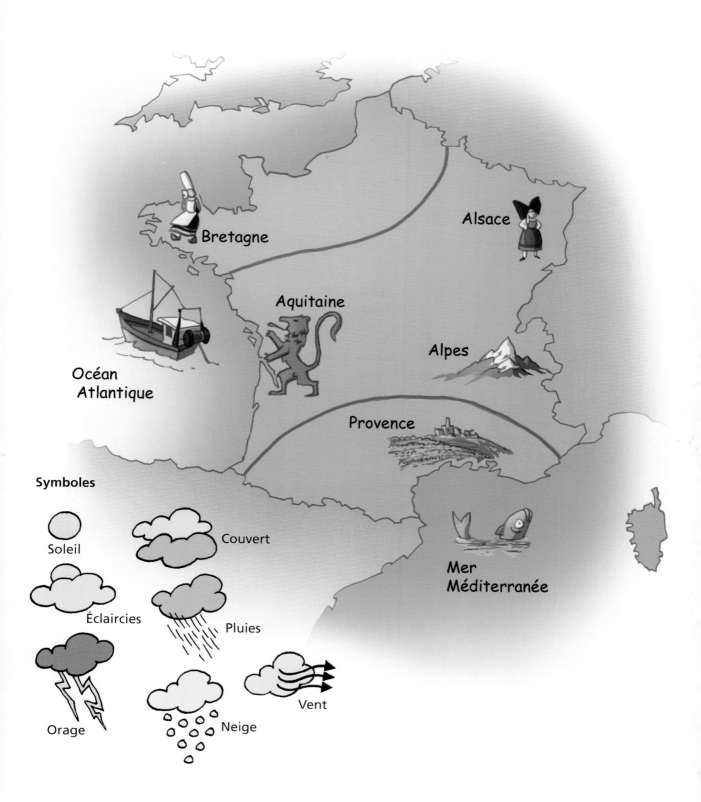

Alsace

Bretagne

Aquitaine

Alpes

Océan
Atlantique

Provence

Symboles

Soleil

Couvert

Éclaircies

Pluies

Mer
Méditerranée

Orage

Neige

Vent

50 🎧 Écoutez les informations. Pour chaque ville, indiquez la température qu'il fera.

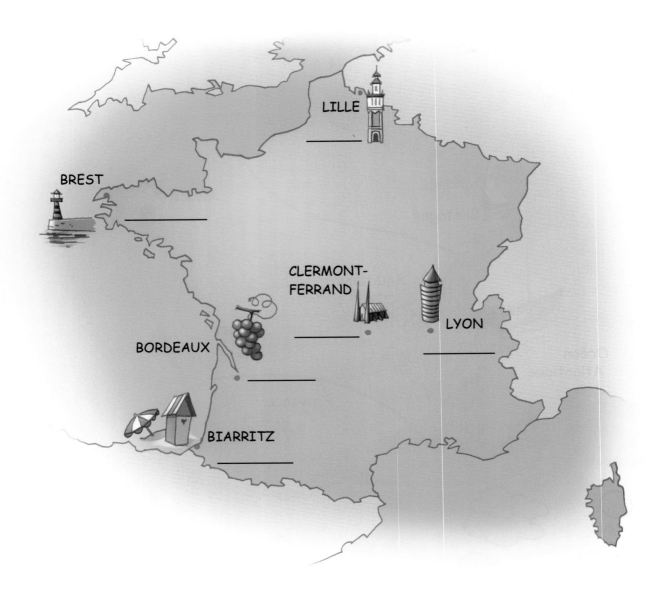

AUTO-ÉVALUATION DE L'ORAL (ÉCOUTER)

Vous avez fait les activités du chapitre « Écouter ». Avez-vous réussi très facilement, facilement, difficilement ou assez difficilement ? Si vous avez répondu difficilement ou assez difficilement, refaites les activités correspondant aux parties concernées.

Je peux écouter et comprendre	Très facilement	Facilement	Difficilement	Assez difficilement
– Les relations familiales, personnelles. Activités nos 7, 21, 41.				
– S'il s'agit d'un échange formel ou informel. Activités nos 1, 3, 7, 21, 29.				
– Le sentiment exprimé (joie, colère, déception, peur…), un ordre, un reproche. Activités nos 4, 5.				
– Les instructions pour suivre une recette de cuisine. Activités nos 23, 24.				
– Le point essentiel d'une conversation. Activités nos 7, 12,13, 14 à 16, 19, 20, 22.				
– Des informations contenant des chiffres (horaires, prix, pourcentages, tarifs). Activités nos 9, 10, 17, 18, 20, 34, 35, 37.				
– Les points essentiels d'une annonce. Activités nos 25, 26, 27, 28, 29, 33, 34.				
– Les informations d'un bulletin météo. Activités nos 49, 50.				
– L'information essentielle d'une émission de radio ou de passages enregistrés ; de quel type d'informations il s'agit (politique, météo, faits divers, sport…). Activités nos 34, 35, 41 à 48.				
– La présentation d'un film. Activités nos 36, 38, 39, 40.				

COMPRÉHENSION DES ÉCRITS

L'épreuve de compréhension écrite du DELF A2 junior comporte 4 parties.

Les activités proposées dans les différentes parties vont vous permettre d'identifier la situation de communication, de vous familiariser avec différents documents écrits. Vous pourrez reconnaître certains aspects de la culture et de la société françaises à propos de sujets familiers et habituels et également enrichir votre lexique sur ces thèmes.

Comprendre de la correspondance

Dans cette partie, vous appréhendez les situations de communication (qui parle ? à qui ? où ?), les relations entre les correspondants, les intentions et les sentiments exprimés.

Lire pour s'orienter

Dans cette partie, vous travaillerez sur des documents courants que l'on trouve dans des lieux publics (restaurants, rues, gares...) et pour lesquels vous serez amené à retrouver l'information nécessaire à leur compréhension.

Lire pour s'informer

Dans cette partie, vous devrez comprendre le(s) point(s) essentiel(s) d'un document informatif (publicité, article de journal,...) ou d'un dépliant touristique, ou d'un mode d'emploi, ou d'un bulletin d'adhésion.

Lire des instructions

Dans cette partie, vous serez amené à extraire l'information essentielle de modes d'emploi, de règlements intérieurs (recette de cuisine, réglementation de sécurité, panneaux de signalisation...).

Comment procéder

L'approche proposée repose sur un travail qui favorise la lecture attentive et l'association :

- afin de centrer votre attention sur la recherche d'informations ;
- pour vous aider à reconstruire le sens global du document.

Les activités sont de type :
- questionnaire à choix multiples (QCM) ;
- questionnaire vrai/faux (V/F).

Les activités sont de type :
- mise en relation (panneau/image/dialogue) ;
- association d'éléments de même nature ;
- élaboration d'un plan ;
- remise en ordre d'une histoire.

COMPRÉHENSION DE LA CORRESPONDANCE

51 **Lisez les deux séries de messages (1 *à* 6 *puis* a *à* f).**
Retrouvez le ton adopté dans chaque message et complétez le tableau.

Carte n° 1

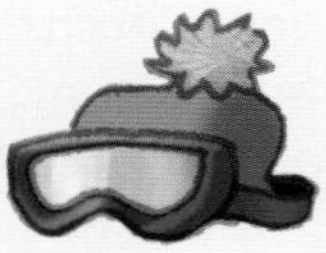

Samedi, je t'invite chez moi pour revoir tous nos amis de l'année dernière rencontrés pendant notre séjour au ski.

Carte n° 2

Nous inaugurons notre nouvel espace d'art et nous vous attendons pour le vernissage de l'exposition.

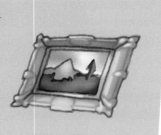

Carte n° 3

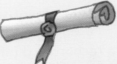

Comme chaque année, notre école organise une soirée dansante pour la fin des cours et les diplômes.
Pourriez-vous être présents lors de cette occasion ?
Nous en serions ravis.

Carte n° 4

Je vieillis d'un an mais je vais faire la fête ! Ce serait bien si tu pouvais venir !

Carte n° 5

Enfin j'ai obtenu mon permis ! Peux-tu venir prendre un verre avec moi pour célébrer ça ?

Carte n° 6

Mon mari et moi-même vous invitons à notre pendaison de crémaillère. Nouvelle maison, nouvelle vie !

CARTE	SOUTENUE / FORMELLE	FORMELLE / FAMILIÈRE
n° 1		
n° 2		
n° 3		
n° 4		
n° 5		
n° 6		

Carte a

Je suis très honorée de votre invitation pour l'ouverture de la nouvelle galerie d'art. Je serai contente d'être là pour l'inauguration. Avec mes remerciements.

Carte b

Merci de m'inviter à ton anniversaire. Je serai super heureuse de venir. J'arriverai comme prévu vers 15 heures.

Carte c

Jane et Martin sont heureux de venir dans votre nouvelle maison pour fêter votre emménagement.

Carte d

Bien sûr que je vais venir pour boire un verre et fêter ta réussite ! À demain !

Carte e

Nous vous remercions de votre carte d'invitation pour le bal de la remise des diplômes et nous l'acceptons avec plaisir. Dans l'attente de vous voir très bientôt, nous vous prions d'agréer nos sincères salutations.

Carte f

Je suis très joyeux de participer à la soirée de samedi.
Revoir tout le monde est un grand plaisir pour moi. Que de souvenirs...
À plus !

CARTE	SOUTENUE / FORMELLE	FORMELLE / FAMILIÈRE
a		
b		
c		
d		
e		
f		

52 Associez les cartes d'invitations (cartes de 1 à 6) à leur réponse (carte de a à f).

n° 1	n° 2	n° 3	n° 4	n° 5	n° 6

53 Entourez, sur les cartes 4, 5, d, f, tous les signes de ponctuation qui expriment le contentement.

54 Relisez les cartes a à f et repérez les formules pour remercier.

....

....

....

....

....

....

....

....

55 Relisez les cartes a à f et repérez les formules utilisées par les personnes pour dire qu'elles sont contentes.

....

....

....

....

....

....

....

....

56 Lisez les messages puis associez-les aux intentions de la personne qui écrit.

Message n° 1

Je suis vraiment très heureux pour ton mariage et je te souhaite tout le bonheur possible dans ta nouvelle vie avec ta femme. Bonne chance. Pierre

Message n° 2

Je suis désolée, mais je ne peux pas venir te chercher à la gare la semaine prochaine. Mais je suis sûre que tu me pardonnes. Nous allons nous voir très bientôt. Bisou

Message n° 3

Je vous informe que la réunion a lieu dans le bureau 314 au troisième étage avec Monsieur le directeur en personne. Ne pas être en retard !

Message n° 4

Demain je fête mon anniversaire.
Viens chez moi vers 16 heures,
je t'attends avec impatience.

Message n° 5

C'est très gentil d'avoir gardé
le chat pendant le week-
end. Merci encore pour
tout ce que tu as fait.

L'intention	Message n°
Remercier	
S'excuser	
Féliciter	
Inviter	
Informer	

57 Classez les expressions dans le tableau.

Je te félicite

Je te remercie

Merci

Je suis désolé

Je t'informe

Viens...

Je t'invite

Je souhaiterais ta présence

Veuillez accepter mes remerciements

Félicitations

Je vous informe

Je voudrais savoir

Peux-tu venir

Je m'excuse

Veuillez m'excuser

Je vous remercie

Il m'est impossible

J'aimerais connaître

Inviter	
S'excuser	
Remercier	
Demander des informations	
Féliciter	
S'informer	

Carte n° 1

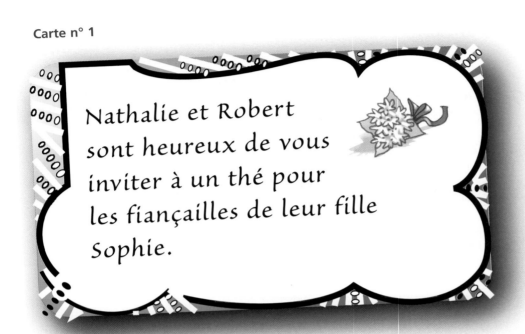

Nathalie et Robert sont heureux de vous inviter à un thé pour les fiançailles de leur fille Sophie.

Carte n° 2

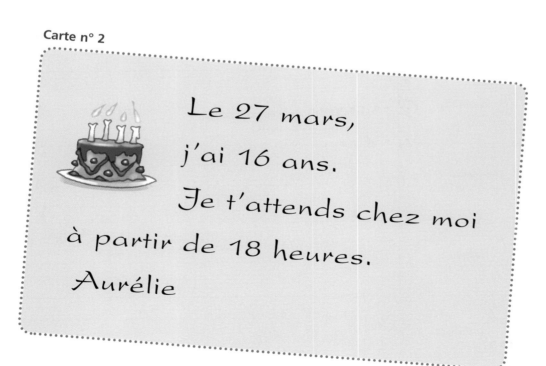

Le 27 mars, j'ai 16 ans. Je t'attends chez moi à partir de 18 heures. Aurélie

Carte n° 3

Chers amis, nous aimerions vous voir à notre soirée pour fêter la nouvelle année. Soyez là pour 21 heures en tenue décontractée, nous sommes entre amis.

Carte n° 4

J'ai réussi mon examen. J'organise une petite fête à cette occasion. Viens, cela me fera très plaisir.

Carte 1 : ....

Carte 2 : ....

Carte 3 : ....

Carte 4 : ....

59 Pour chaque carte postale, complétez le tableau.

Carte n° 1

Chère amie, je vous envoie mes meilleurs souvenirs d'Aquitaine, où je passe d'excellentes vacances sans la pluie et le vent de Paris. Avec toutes mes amitiés.

Jean-Charles.

Carte n° 2

Chers parents, je suis bien arrivé en Égypte après un très bon voyage. Il fait vraiment très beau et très chaud. Le pays est merveilleux. Grosses bises à tous les deux.

Sandrine et Omar.

Carte n° 3

Ma chère Géraldine, La météo est souvent incertaine en Bretagne : le ciel est gris, les nuages sont toujours au-dessus de ma tête, mais je me sens bien. Je te raconterai tout avec les photos... Je t'embrasse très fort.

Rose.

Carte n° 4

Chers amis, notre voyage de noces est extraordinaire à Rio. Le temps y est tellement agréable…
Nous sommes enchantés. Nous espérons que tout va bien pour vous aussi. À bientôt.

Philippe et Anne-Marie.

Carte n° 5

La Rochelle est une ville super où nous faisons du bateau tous les jours. Le soleil est toujours au rendez-vous. Bises.

Céline.

	Nom de l'expéditeur	Activité de l'expéditeur	Météo	Lieu visité
Carte 1				
Carte 2				
Carte 3				
Carte 4				
Carte 5				

60 Dans les cartes postales précédentes, relevez les formules à l'attention du destinataire pour :
• commencer une carte postale ;
• finir une carte postale.

....

....

....

Arcachon, le 14 mai

Ma Sarah,

Je t'écris parce que cela fait au moins trois mois que je ne t'ai pas vue. Je pense souvent à toi et je regrette de ne pas pouvoir te parler. Je sais que tu es très occupée mais un petit coucou à sa grand-mère de temps en temps ne demande pas plus de trois minutes. Ici, rien n'a vraiment changé. Ton grand-père va toujours à son club d'échecs et je continue à faire de longues promenades au bord de la mer... Comme quand tu étais petite ! Tu t'en souviens ? Dimanche nous sommes invités au loto dans la salle des fêtes de la ville. J'adore ce genre d'après-midi en compagnie d'autres personnes qui s'amusent et qui jouent. En plus, il ne fait pas chaud en ce moment, cela nous permettra de ne pas tomber malades. Si tu peux venir, nous serons vraiment très heureux. En attendant de te revoir, je t'embrasse tendrement.

Mauricette.

	Vrai	Faux
a > Sarah est la petite-fille de Mauricette.	☐	☐
b > Mauricette adore les échecs.	☐	☐
c > Sarah et Mauricette se sont vues il y a moins de trois mois.	☐	☐
d > Mauricette est un peu nostalgique.	☐	☐
e > La ville est assez loin de la mer.	☐	☐
f > Sarah est invitée à participer à une promenade au bord de la mer.	☐	☐
g > La météo est belle et les températures sont agréables.	☐	☐

62 Observez ce document et répondez.

Livret SCOOPY

L'ÉPARGNE DES TOUT PETITS

NOUVEAU !

☺ **Le livret SCOOPY,**
C'est un livret comme les autres

- C'est un livret, donc votre épargne est à tout moment disponible et votre capital totalement garanti.

- C'est un livret, donc votre argent vous rapporte des intérêts tous les ans.

- C'est un livret, donc fiscalement vous avez le choix entre le prélèvement forfaitaire libératoire ou l'intégration des intérêts à vos revenus.

CARACTÉRISTIQUES TECHNIQUES

- Minimum ouverture : 15 €
- Plafond : 1 600 €
- Rénumération à la quinzaine
- Carte de retrait possible prochainement

À découvrir avec votre conseiller

☺ **Et un livret pas comme les autres**

- Il est spécialement réservé aux enfants de moins de 12 ans (après, il y a le livret jeunes).

- Il rapporte plus qu'un livret ordinaire puisqu'il bénéficie d'une rénumération de 4 %* brut par an.

- Mais, surtout, il est solidaire. Pour chaque livret SCOOPY détenu, chaque année, le Crédit Coopératif s'engage à verser 3 € à des associations, pour des actions de mécénats vers l'enfance.

Par exemple :
– enfants qui souffrent de la faim,
– enfance maltraitée,
– droits des enfants,
– aide aux enfants handicapés physiques ou mentaux.

Chaque année, vous recevrez un récapitulatif des actions menées dans ce domaine.

* Taux nominal annuel au 01/01/04, susceptible de modification.

---

1 > **Vous pouvez trouver ce genre de document dans le domaine :**

a > ☐ de la banque   b > ☐ de l'école   c > ☐ du commerce

2 > **Quel est l'âge des enfants auxquels il s'adresse ?**

De .... à .... ans.

3 > **Vrai ou faux ?**

	Vrai	Faux
a > Vous pouvez obtenir des informations sur l'offre grâce à une personne conseil.	☐	☐
b > Une carte est disponible tout de suite.	☐	☐
c > Le montant maximum est de 1 600 euros.	☐	☐
d > Le livret jeune offre les mêmes avantages que le livret Scoopy.	☐	☐
e > Tous les enfants maltraités peuvent bénéficier du livret Scoopy.	☐	☐
f > Tous les quinze jours, trois euros sont reversés à des œuvres humanitaires.	☐	☐
g > Le document met en évidence cinq particularités techniques du livret scoopy	☐	☐

4 > Existe-t-il dans votre pays ce genre d'offre ? Si oui, laquelle ou lesquelles ?

....

49 > COMPRÉHENSION DES ÉCRITS

Les chœurs Gospel

Pour le plus beau jour de votre vie, laissez-vous enchanter par les « cœurs » Gospel.

Pour que ce jour reste inoubliable pour vous et vos invités, Gospel Voice vous propose des chanteurs qui sauront augmenter l'intensité de l'émotion de votre mariage.

Les chanteurs pourront intervenir lors de votre cérémonie à la mairie comme à l'église et lors de votre réception en interprétant des chants Gospel ou R & B.

Voici deux exemples de nos formules.
Mise à disposition de quatre chanteurs et d'un pianiste : 1 200 €.
Mise à disposition de trois chanteurs et d'un pianiste : 980 €.

Toutes les formules prévoient un répertoire de cinq à sept chants, selon le type de cérémonie, et nous fournissons le clavier. Pour le choix de la chorale de Gospel, les artistes sont vêtus de toges.
Le prix du transport pour Paris et la région parisienne est inclus.
Il faut prévoir un supplément pour les autres villes de la France.
Nous restons à votre entière disposition pour tous les renseignements complémentaires : n'hésitez pas à composer le 01 01 45 87 66.
Nous vous prions d'agréer l'expression de nos salutations distinguées et vous souhaitons d'avance une vie pleine de bonheur.

Musicalement, votre dévoué

James Ballance

1 > **Parmi la liste de « formules d'introduction », quelles sont celles qu'il vous semble possible d'utiliser ?**

a > ☐ Chère amie

b > ☐ Chère Madame

c > ☐ Bonjour

d > ☐ Chers clients

e > ☐ Mon mari adoré

f > ☐ Chère Mademoiselle

g > ☐ Chère Sophie

h > ☐ Chers parents

i > ☐ Salut

j > ☐ Ma bien-aimée

2 > **De quel service est-il question dans cette lettre ?**

a > ☐ De transport

b > ☐ De restauration

c > ☐ De spectacle

d > ☐ De traiteur

e > ☐ De service religieux

f > ☐ De location d'instruments de musique

g > ☐ De location de vêtements

3 > **Complétez les informations demandées.**

a > Quelles sont les professions citées dans le document ?

....

....

....

b > Quelle est leur particularité vestimentaire ?

....

....

....

c > Quels sont les lieux où le service peut avoir lieu ?

En France	Dans la ville
....	....
....	....
....	....

Lille, le 20 avril 2005

Madame POLCHAT

Monsieur, Madame

Après avoir reçu la brochure d'informations de votre établissement, je me permets de vous envoyer cette lettre afin de réserver une chambre. Je souhaiterais qu'elle donne sur la mer et qu'elle possède une baignoire. Mon mari et moi-même sommes d'un certain âge, c'est pourquoi nous recherchons le calme et vous prions d'éviter de nous attribuer une chambre à côté de la discothèque de votre établissement. En ce qui concerne les repas, nous avons décidé de ne prendre que la demi-pension afin de profiter des restaurants de la ville. Pourriez-vous me dire si nous sommes dans l'obligation de choisir maintenant le déjeuner ou le dîner ? Aurons-nous la possibilité de modifier ce choix ?

Nous arriverons le 13 mai pour un séjour de 10 jours. Dans l'attente de votre confirmation par courrier, je vous prie d'agréer, Madame, Monsieur, l'assurance de mes sentiments les meilleurs.

Madame Polchat.

Dites si ces affirmations sont vraies ou fausses.

	Vrai	Faux
a > Cette lettre est une lettre amicale.	☐	☐
b > Mme Polchat désire voir la plage de sa chambre.	☐	☐
c > Le mari de Mme Polchat adore aller danser en discothèque.	☐	☐
d > C'est un couple de personne pas très âgées.	☐	☐
e > M. et Mme Polchat prendront tous leurs repas dans l'établissement.	☐	☐
f > Ils apprécient beaucoup la gastronomie locale.	☐	☐
g > Mme Polchat va confirmer sa réservation par courrier.	☐	☐
h > Mme Polchat demande une confirmation écrite.	☐	☐

65 Où pouvez-vous voir ces panneaux ?

Les lieux

a > Dans un hôpital

b > Dans une bibliothèque

c > Dans un transport public

d > Dans un commerce

e > Dans la rue

Les panneaux

 1 2

 3 4

 5

66 Où pouvez-vous lire ces écrits ? Associez chaque phrase à une rubrique.

1 > Le Premier ministre a rencontré le président des États-Unis hier en fin d'après-midi.

2 > Il fait beau et il y a des monuments très intéressants à visiter.

3 > Une rencontre amoureuse embellira votre journée.

4 > Laissez cuire à feu doux pendant vingt minutes.

5 > Avec la banque BPF, votre argent vous rapporte.

6 > Des nuages recouvriront l'ensemble du pays.

7 > Montez chaque étagère l'une sur l'autre en respectant le schéma.

8 > Je vous écris pour avoir des renseignements sur mon chanteur préféré, Jack Pikels.

a > Dans un livre de cuisine

b > Dans une publicité

c > Dans une lettre amicale

d > Dans un horoscope

e > Dans un mode d'emploi

f > Dans un bulletin météo

g > Dans un journal d'actualités

h > Dans le courrier des lecteurs

67 Reliez chaque panneau à la phrase correspondante.

1 > Il est interdit de faire du feu.

2 > Il ne faut pas couper les fleurs.

3 > Les animaux de compagnie sont strictement interdits.

4 > Attention ! Présence d'animaux en liberté.

a > ....   b > ....   c > ....   d > ....

68 Remettez les dessins dans le bon ordre chronologique en faisant correspondre chaque phrase à son dessin.

1 > Je suis arrivé en bas de chez Pierre.

2 > Je suis monté chez lui.

3 > J'ai poussé la porte.

4 > Mais j'ai percuté l'escabeau de Pierre.

5 > L'escabeau est tombé, mais j'ai réussi à rattraper Pierre dans mes bras.

6 > Soulagé et reconnaissant, il m'a offert de boire un verre.

7 > Je l'ai suivi à la cuisine.

8 > Ouvrant le frigo, il m'a tendu une boisson.

9 > Nous avons bu devant la fenêtre ouverte.

10 > Nous avons tellement ri de l'incident qu'il a basculé par la fenêtre !

11> Mais il a atterri sans se blesser sur l'auvent de l'épicerie.

12> Mon ami a eu la peur de sa vie.

a > b > c > d >

e > f > g > h >

i > j > k > l >

1 >	4 >	7 >	10 > ....
2 >	5 >	8 >	11 > ....
3 >	6 >	9 >	12 > ....

69 Lisez le document et répondez aux questions avec un ou plusieurs mots tirés du texte.

LA VILLE DE PARIS
vous propose

les ateliers découverte
& multisports
des samedis matin
sans classe

Les samedis matin sans classe, des ateliers éducatifs sont organisés pour les enfants des écoles élémentaires. Des activités variées d'expression, de création et des animations sportives leur sont proposées.

Ces ateliers gratuits sont situés dans les écoles. Les enfants de 6 à 12 ans sont accueillis par petits groupes de 8 h 45 à 11 h 45 et sont encadrés par des animateurs spécialisés.

Les ateliers sont ouverts pendant les 18 samedis matin sans classe de l'année scolaire, soit presque un samedi matin sur deux. C'est donc plus de temps pour profiter de ces animations !

Les ateliers découverte et multisports s'inscrivent dans le plan engagé par la Ville de Paris pour l'amélioration de l'accueil des enfants et la qualité des activités éducatives périscolaires.

MAIRIE DE PARIS

1 > Qui ?

a > Pour qui sont les ateliers découverte ?

b > Quelle est la tranche d'âge concernée ?

2 > Quand ?

c > Quel jour sont organisés les ateliers découverte ?

d > À quel moment de la journée ?

e > À quels horaires ?

3 > Combien ?

f > Quel est le prix de ces ateliers ?

70 Relisez le document de l'exercice 69 et cochez la bonne réponse.

1 > Les ateliers découverte ont lieu :

a > ☐ dans des clubs sportifs

b > ☐ dans les mairies

c > ☐ dans les établissements scolaires

2 > Les ateliers découverte sont organisés par :

a > ☐ des professeurs

b > ☐ des spécialistes de l'animation

c > ☐ des bénévoles

3 > Les participants à ces ateliers sont :

a > ☐ répartis en sous-groupes

b > ☐ tous ensemble

c > ☐ divisés selon leur âge

71 Lisez le document ci-dessous en vous concentrant sur les activités proposées.

MAIRIE DE PARIS

L'accueil des enfants

Les ateliers découverte et multisports des samedis matin ont lieu dans 57 écoles élémentaires à Paris.

> Horaires d'ouverture :
> accueil des enfants de 8 h 45 à 9 h
> sortie des enfants à 11 h 45

Les activités proposées

Les activités de découverte culturelle ou scientifique
Cirque, jonglage, danse, théâtre, arts plastiques, chant, musique, photo, calligraphie, céramique... Chacun peut, selon ses envies, découvrir et s'initier à des activités variées. Adaptées aux besoins de l'enfant, elles favorisent l'expression de ses potentialités créatrices. Des animations autour du livre, des jeux, de l'informatique, de l'environnement et des visites culturelles sont également proposées.

Les activités sportives
Sur chaque site, des animateurs sportifs diplômés d'État proposent une vaste gamme d'activités : jeux de ballons, de raquette, sports collectifs ou individuels. Ces animations sont pratiquées dans les écoles ou sur des équipements sportifs de proximité. Basées sur l'initiation et la découverte, elles offrent à chaque enfant la possibilité de développer ses capacités physiques.

Associez chaque dessin à une activité de la liste ci-dessous :

- le cirque
- le jonglage
- la photographie
- la danse
- le théâtre
- le chant
- la musique

a > ....

b > ....

c > ....

d > ....

e > ....

f > ....

g > ....

72 Retrouvez, dans le texte du document, l'activité associée à chaque photo et indiquez-la.

a > ....

b > ....

c > ....

d > ....

e > ....

f > ....

73 Relisez le document et classez chaque activité dans le tableau ci-dessous.

Expression créatrice	Activités culturelles	Activités scientifiques	Sports et activités physiques

74 Vous allez visiter l'espace dans une exposition. Regardez le plan de la salle et retrouvez les objets et les personnages suivants.

a > Une fusée

b > Un escalier mécanique

c > Un astronaute en apesanteur

d > Une maquette d'un laboratoire

e > Un vaisseau

f > Un satellite

EXPOSITIONS PERMANENTES · **NIVEAU 1**

ESPACE

Plus de trente ans après les premiers pas sur la Lune, la conquête de l'espace continue : fusées, sondes spatiales, satellites, stations orbitales vous livrent leurs secrets. Attention ! Le compte à rebours a commencé.

La fusée à eau
Trouverez-vous le bon mélange air et eau qui enverra la fusée tout en haut d'un mât ?

Saut en apesanteur
Vivez une « fraction d'apesanteur ». Un diplôme à la clé vous est offert !

L'homme dans l'espace
Trois films sur la vie des astronautes. Se laver les dents relève parfois du défi !

Sortir dans l'espace
Bras télémanipulateur ou scooter de l'espace : que diriez-vous à la place de ces astronautes ?

Plantes et pesanteur
Du blé qui pousse dans tous les sens, comme dans la navette spatiale.

Du rêve à la réalité
Comment aller sur la Lune ? Découvrez 4 vaisseaux spatiaux étonnants.

Le mal de l'espace
Petite expérience pour ressentir légèrement le mal de l'espace.

Station orbitale (module bas)
Entrez dans cette station orbitale et découvrez la tenue et le repas de l'astronaute.

Station orbitale (module haut)
Cette maquette en vraie grandeur montre le futur laboratoire orbital japonais.

Ariane 5
Vous serez bien petit devant cette maquette géante ; et dire que la vraie fusée est 5 fois plus grande !

ENTRÉE

Les petits, dès 7 ans, peuvent aborder les sciences dans l'Explora. Vous le constaterez en les emmenant dans les quatres expositions que nous avons sélectionnées, mais le billet d'entrée donne accès
• *à toutes les expositions permanentes et à certaines expositions temporaires,*
• *aux animations*,*
• *à une séance* au cinéma Louis-Lumière (film en relief),*

Plein tarif : 7,50 € par personne (gratuit pour les − 7 ans).
Tarif réduit : 5,50 € (− 25 ans, chômeurs, bénéficiaires du RMI, personnes handicapées).

* dans la limite des places disponibles.

75 Relisez le document et mettez en relation les activités avec les noms des ateliers.

Activités	Nom de l'atelier
Voir des plantes pousser	
Vivre un moment en apesanteur et avoir un diplôme	
Découvrir le repas de l'astronaute	
Voir quatre vaisseaux spatiaux	
Regarder des films sur la vie des astronautes	
Ressentir le mal de l'espace	
Se sentir petit en regardant une maquette géante	
Être à la place des astronautes	
Comprendre le processus du mélange de l'air et de l'eau de la fusée	

76 Lisez le document.

Une matinée d'enfant
est pleine de petites victoires...

... et vous pouvez compter sur un petit déjeuner avec un bol d'Ovomaltine
pour lui donner toute l'énergie dont il a besoin ! Ce qui fait la force de la poudre Ovomaltine,
c'est qu'elle contient :

✳ **47 % de malt d'orge**
✳ **11 vitamines** (B1, B2, PP, B9...) et **3 minéraux** (calcium, magnésium, phosphore)
✳ Tout le plaisir d'un petit déjeuner gourmand au **bon goût de cacao** !

ovomaltine®

**LA DYNAMIQUE
DU PETIT DÉJEUNER**

1 > **Cette publicité s'adresse :**
a > ☐ à des enfants ;
b > ☐ à des sportifs ;
c > ☐ à des mathématiciens ;
d > ☐ à des parents.

2 > **Le produit de cette publicité est vendu sous la forme :**
a > ☐ liquide ;   b > ☐ solide ;   c > ☐ poudre.

3 > **Quel est le parfum de ce produit ?** ....

4 > **À quel moment de la journée l'utilise-t-on ?** ....

5 > **À quel repas l'utilise-t-on ?** ....

6 > **Dans votre pays, existe-t-il ce genre de produit ? Si oui, comment s'appelle-t-il ?**

....

SCIENCE&VIE JUNIOR vous invite à

participer au 9ème grand concours de biologie qui se déroulera dans votre collège le :

Jeudi 10 mars 2005

CONCOURS DES BIOS 2005

Un concours où l'on apprend en s'amusant et qui vous permettra de gagner l'un des nombreux cadeaux offerts.

UNE RÉCOMPENSE POUR CHACUN !!

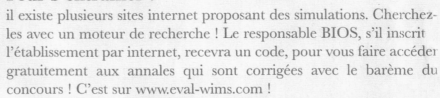

Pour s'inscrire: montrez cette page à vos professeurs de SVT qui vous indiqueront le responsable BIOS du collège. C'est lui qui inscrit tous les élèves d'un même établissement.

Pour s'entraîner :

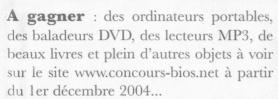

il existe plusieurs sites internet proposant des simulations. Cherchez-les avec un moteur de recherche ! Le responsable BIOS, s'il inscrit l'établissement par internet, recevra un code, pour vous faire accéder gratuitement aux annales qui sont corrigées avec le barème du concours ! C'est sur www.eval-wims.com !

A gagner : des ordinateurs portables, des baladeurs DVD, des lecteurs MP3, de beaux livres et plein d'autres objets à voir sur le site www.concours-bios.net à partir du 1er décembre 2004...

Les bonnes réponses seront disponibles sur internet une semaine plus tard. Vous pourrez aussi retrouver l'épreuve corrigée en direct sur :

www.eval-wims.com

CONCOURS LES BIOS DE SCIENCE & VIE JUNIOR

Les Editions ARCHIMEDE
5 rue jean Grandel
95100 ARGENTEUIL
TÉL : 01 39 98 06 33

sur internet :
www.concours-bios.net
www.librairie-archimede.net

(concours s'adressant à tous les collégiens de France Métropolitaine de la 6ème à la 3ème)

1 > Le concours a lieu :

a > ☐ à Argenteuil ;

b > ☐ dans les établissements scolaires ;

c > ☐ dans le monde entier.

2 > Il s'adresse :

a > ☐ à des professeurs ;

b > ☐ à des lycéens ;

c > ☐ à des scientifiques ;

d > ☐ à des collégiens.

78 **En partant du même document, répondez par vrai ou faux ?**

	Vrai	Faux
a > Les professeurs inscrivent les élèves aux concours.	☐	☐
b > Beaucoup de sites Internet peuvent aider les élèves à s'exercer.	☐	☐
c > La consultation des annales est payante.	☐	☐
d > L'inscription peut se faire uniquement par Internet.	☐	☐
e > On peut voir les résultats dans le journal.	☐	☐

79 **À partir du document de l'exercice 77, recopiez les sites où l'on peut :**

a > consulter les exercices d'entraînement : ....

b > s'inscrire au concours : ....

c > voir les cadeaux à gagner : ....

80 **Retrouvez dans le document les actions (verbes) de la même famille.**

a > La participation : ....

b > Le gain : ....

c > L'inscription : ....

d > L'entraînement : ....

e > La correction : ....

81 **Reliez les noms avec les sigles correspondants.**

Les professeurs •   • DVD

Des baladeurs •   • MP3

Des lecteurs •   • SVT

Le responsable •   • BIOS

82 Avant de lire l'article, regardez la rubrique et dites de quoi il va pouvoir traiter. Cochez les mots.

- ☐ Un chanteur
- ☐ Un vol
- ☐ Une exposition
- ☐ Un assassinat
- ☐ Le chômage
- ☐ L'hiver
- ☐ Une mise en examen
- ☐ Une interpellation
- ☐ Les gendarmes
- ☐ Les embouteillages

Journal SUD-OUEST
FAITS DIVERS

22 novembre 2003

La soupe à la grimace

Le mystère reste entier, quatre jours après l'interpellation d'un petit Charentais de 13 ans. Les gendarmes de Saint-Médard-en-Jalles se sont intéressés à ce jeune cycliste et plus particulièrement à la remorque qu'il tirait derrière son vélo. L'adolescent transportait un peu plus de 20 kilos de carottes et de navets arrachés en toute hâte dans le champ d'un cultivateur. Pourquoi a-t-il commis un tel vol? Sachant que ce jeune homme mange à sa faim, personne ne peut dire quelle était sa motivation.

83 Faites correspondre les mots de la liste de l'activité 82 avec leur définition.

a > Action de prendre quelque chose sans le payer : ....

b > Saison où l'on a froid mais où l'on peut partir faire du ski : ....

c > Personnes qui assurent la sécurité des citoyens : ....

d > Action de tuer quelqu'un : ....

e > Événement où l'on peut voir des peintures, des sculptures ou des œuvres d'art dans un lieu public ou privé : ....

f > Situation d'une personne qui ne travaille pas : ....

g > Personne qui fait des concerts : ....

h > Action de demander une explication, de vérifier l'identité d'une personne : ....

i > Action de justice pour interroger une personne : ....

j > Beaucoup de voitures sur une route qui provoquent un ralentissement de la circulation : ....

84 Lisez maintenant l'article « La soupe à la grimace » et retrouvez les mots de l'article dans la liste.

a > ☐ Un chanteur

b > ☐ Un vol

c > ☐ Une exposition

d > ☐ Un assassinat

e > ☐ Le chômage

f > ☐ L'hiver

g > ☐ Une mise en examen

h > ☐ Une interpellation

i > ☐ Les gendarmes

j > ☐ Les embouteillages

85 Choisissez la phrase qui résume le mieux l'article.

a > ☐ Les gendarmes sont depuis quatre jours à la recherche d'un adolescent non identifié qui a volé un agriculteur.

b > ☐ Un jeune homme a dérobé le vélo d'un cultivateur et ce cultivateur est allé à la police pour porter plainte.

c > ☐ Un petit Français du Sud-Ouest a volé des légumes mais personne n'a compris pourquoi.

86 Placez dans le tableau les quatre mots ci-dessous en fonction de l'information qu'ils donnent.
Âge, sport pratiqué, origine, sexe.

	adolescent
	13 ans
	Charentais
	le vélo

À qui s'adresse la carte Louvre jeunes ?

Aux jeunes de moins de 26 ans
Tous les jeunes, qu'ils soient ou non étudiants, peuvent bénéficier d'une carte Louvre jeunes, s'ils ont moins de 26 ans le jour de leur adhésion.

À l'encadrement de jeunes
Les enseignants, ainsi que tous les personnels d'un établissement d'enseignement, les animateurs et les éducateurs, les responsables de comités d'entreprise ou d'associations de personnels, les personnels ou bénévoles d'associations de jeunes, les professionnels de la santé auprès des jeunes peuvent souscrire une carte Louvre jeunes encadrement.

Quelles sont les formules d'adhésion ?

Adhésion à tarif individuel :
15 € (moins de 26 ans)
19 € (adulte-encadrement)
Valable un an de date à date.

Adhésion à tarif collectif :
11 € (moins de 26 ans ou correspondant)
14 € (adulte-encadrement)
Tarif applicable à partir de 10 adhésions regroupées par un correspondant.
La carte a une échéance fixe, le 30 septembre 2004, quelle que soit la date d'inscription.

Dossier pour devenir correspondant
Tél. : 01 40 20 53 72
Mél : louvrejeune@louvre.fr

Quels sont vos avantages ?

Accès libre et illimité
aux expositions temporaires et aux collections du musée du Louvre.

Entrée privilégiée et sans attente
par le passage Richelieu, la galerie du Carrousel et la porte des Lions.

Invitation pour une personne de votre choix
tous les lundis et mercredis en nocturne (de 18h à 21h30), à vous accompagner gratuitement au musée.

Information à domicile
Programmes trimestriels du musée et des activités culturelles.

Gratuité
Sur les visites de collections et visites-découvertes, selon les places disponibles 5 minutes avant le départ (voir le programme trimestriel des activités pour adultes).

Réductions
Sur les visites-découvertes, visites d'une collection, monographies d'artistes, promenades achitecturales, cycles approfondis, activités en atelier... (voir le programme trimestriel des activités pour adultes).

Aux concerts, conférences, films, lectures de l'auditorium.

À la librairie du musée :
5 % sur les livres, affiches, multimédia,
10 % sur les objets, bijoux, moulages.

10 % à la cafétéria, aux restaurants et cafés du musée.

10 % aux restaurants Universal Resto situés dans la galerie du Carrousel.

5 % chez Virgin dan la galerie du Carrousel.

1 > **La carte « Louvre Jeunes » s'adresse :**

a > ☐ uniquement aux étudiants de moins de 26 ans ;

b > ☐ à tous les jeunes de moins de 26 ans ;

c > ☐ aux jeunes non étudiants de moins de 26 ans.

2 > **Les professionnels qui peuvent bénéficier de cette carte exercent dans le domaine :**

a > ☐ du commerce ;

b > ☐ de l'enseignement ;

c > ☐ de la médecine auprès des jeunes ;

d > ☐ de l'art ;

e > ☐ de l'animalerie ;

f > ☐ du sport.

3 > **Pour obtenir la documentation d'adhésion, il faut :**

a > ☐ se rendre directement au musée du Louvre ;

b > ☐ téléphoner à un numéro spécifique ;

c > ☐ envoyer un courrier à l'adresse du musée.

4 > **Avec la carte « Louvre Jeunes », on peut :**

a > ☐ visiter toutes les collections permanentes ;

b > ☐ fréquenter certaines expositions temporaires ;

c > ☐ accéder à des galeries interdites au public.

88 Vrai ou faux ? Relisez le document et cochez les phrases vraies.

a > ☐ La carte « Louvre Jeunes » permet de ne pas attendre pour entrer dans le musée.

b > ☐ Avec la carte « Louvre Jeunes », on peut inviter une personne de notre choix gratuitement.

c > ☐ Les prospectus sont directement envoyés à la maison.

d > ☐ Il faut téléphoner cinq minutes avant pour assister aux visites-découvertes.

e > ☐ Pour les activités en ateliers, le prix est moins cher si on possède la carte « Louvre Jeunes ».

f > ☐ Les films sont entièrement gratuits.

g > ☐ La galerie du Carrousel accueille des lieux pour manger.

h > ☐ La librairie propose 15 % de réduction sur les bijoux.

i > ☐ Le programme des différentes activités paraît tous les trois mois.

89 En relisant « Quelles sont les formules d'adhésion ? » du document, remplissez le tableau suivant avec les informations demandées.

	Informations sur l'âge	Prix
Par personne		
Par groupe		

90 En relisant « Quels sont les avantages ? » du document, complétez les informations manquantes.

Lieux	Avantages	Quand ?
Les expositions temporaires		Toute l'année
Les collections		Toute l'année
	Entrée favorisée	Toute l'année
Dans tout le musée du Louvre	Invitation pour une personne	Deux jours par semaine
Promenades architecturales		Toute l'année
À la cafétéria		Toute l'année

91 Classez les mots de la liste ci-dessous dans le tableau selon qu'ils indiquent, une action (verbe), une appellation (nom) ou une caractérisation (adjectif).

adhésion	*encadrer*	*informer*	*lire*
collectif	*inscrire*	*trimestriel*	*affiche*
lectures	*restaurant*	*départ*	*groupe*
réduire	*visiter*	*date*	*bénévole*
illimitée	*temporaire*	*découvrir*	*jeune*
attente	*livre*	*visite*	*entrer.*
tarif	*culturelles*	*activité*	
établissement	*programme*	*programmer*	

Action	Appellation	Caractérisation

92 Vous remplissez à présent le bulletin d'adhésion
à la carte « Louvre Jeunes ».

BULLETIN D'ADHÉSION
CARTE LOUVRE JEUNES
SAISON 2003-2004

Réservé au musée

N° d'adhérent : ☐☐☐☐☐☐☐☐

Partenariat : ☐☐☐☐☐

☐☐☐ ☐☐☐☐

VOS COORDONNÉES ACTUELLES

☐ Madame   ☐ Mademoiselle   ☐ Monsieur

Nom

Prénom

Chez, foyer, chambre

Adresse

Ville

Code postal ☐☐☐☐☐   Tél. ☐☐☐☐☐☐☐☐☐☐   Êtes-vous ancien adhérent ?

Mél   ☐ oui   ☐ non

☐ VOUS AVEZ MOINS DE 26 ANS

Vous êtes...

1 ☐ collégien   2 ☐ lycéen   3 ☐ étudiant

4 ☐ en formation en alternance

5 ☐ en stage de formation professionnelle

6 ☐ en activité

7 ☐ à la recherche d'un emploi

8 ☐ autre

Année de naissance 19 ☐☐
(mention obligatoire pour les moins de 26 ans)

Veuillez joindre un justificatif

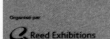

Parcours jeunesse du
salon nautique de paris
4-13 décembre 2004
www.salonnautiqueparis.com

GUIDE PRATIQUE salon nautique de paris

LIEU : Paris expo - Porte de Versailles - Hall 1, 2.1, 2.2 et 3
QUAND : du 4 au 13 décembre 2004 de 10h à 19h - nocturne les 4 et 10
décembre jusqu'à 22h - fermeture le 13 décembre à 17 h
TARIF : 10€ pour les adultes
5€ pour les groupes de 10 personnes et plus et les enfants de 7 à 16 ans
Gratuit pour les enfants de moins de 7 ans
et pour les classes dans le cadre du Parcours Jeunesse

Organisé par
Reed Exhibitions

Un salon de la
FÉDÉRATION
DES INDUSTRIES
NAUTIQUES

1 > C'est :

a > ☐ une publicité pour une exposition de bateaux

b > ☐ une publicité pour un salon de voyages

c > ☐ une publicité pour une foire de produits nautiques

**2 > Dites si ces affirmations sont vraies (V), fausses (F)
ou « on ne sait pas » (?).**

	Vrai	Faux	(?)
a > Il y a cinq salles d'exposition.	☐	☐	☐
b > Cet événement a lieu chaque année.	☐	☐	☐
c > Cet événement finit le 13 décembre à 22 heures.	☐	☐	☐
d > Les enfants de moins de 7 ans ne paient pas.	☐	☐	☐
e > Les groupes de personnes peuvent avoir des réductions.	☐	☐	☐
f > Toutes les classes bénéficient de la gratuité.	☐	☐	☐
g > Les parents accompagnés d'enfants de moins de 7 ans ne paient pas l'entrée.	☐	☐	☐
h > Deux soirées sont consacrées uniquement aux professionnels.	☐	☐	☐
i > Le tarif d'un groupe de cinq personnes est de 5 €.	☐	☐	☐

94 Regardez le document et inscrivez le numéro correspondant à chaque activité que vous pouvez faire.

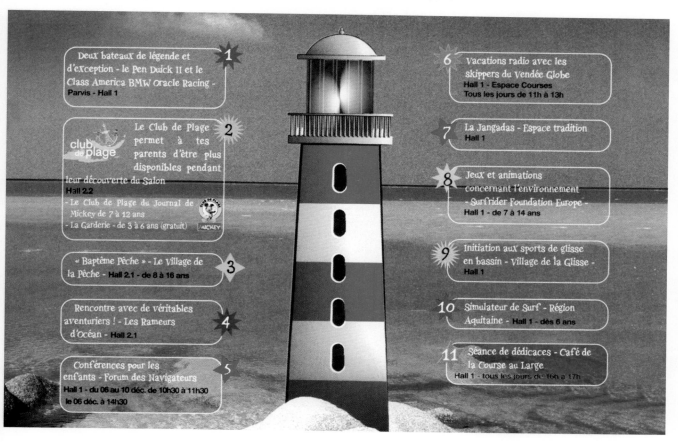

Vous pouvez...

a > participer à des émissions de radio. .... n°............................

b > vous initier à la pêche. .... n°............................

c > jouer sur le thème de l'environnement. .... n°............................

d > discuter avec des aventuriers. .... n°............................

e > vous initier au ski nautique dans une piscine. .... n°............................

f > demander des autographes à des professionnels. .... n°............................

g > écouter des navigateurs qui racontent leurs expériences. .... n°............................

h > apprendre les pratiques traditionnelles. .... n°............................

i > vous initier au surf. .... n°............................

95 Recherchez les informations dans les deux documents précédents (93 et 94) et complétez le tableau.

Vous êtes...	... avec un enfant de 4 ans	... avec un enfant de 9 ans
Tarif d'entrée		
Activités (numéro de l'atelier)		
Numéro du hall		

96 Vous êtes accompagné de toute votre famille : vos parents, vos trois frères âgés de 3, 8 et 18 ans, votre grand-mère et une de vos cousines âgée de 2 ans.

a > Bénéficiez-vous d'une ou de plusieurs réductions ?

....

b > Si oui, laquelle ou lesquelles ? ....

97 Pour enrichir votre vocabulaire, retrouvez dans le document les mots correspondants aux verbes indiqués, comme dans l'exemple.

*Exemple : Une **découverte** : découvrir.*

À vous !

a > Une .... : garder   g > Une .... : initier

b > Un .... : baptiser   h > La .... : glisser

c > Un .... : s'aventurer   i > Un .... : simuler

d > Un .... : naviguer   j > Une .... : dédicacer

e > Un .... : jouer   k > Une .... : courir

f > Une .... : animer

98 Lisez ce document et répondez.

Tarte fine aux pommes

Recette du restaurant « Le Grand Colbert »

Proportions pour 6 personnes

400 g de pâte feuilletée achetée chez
le pâtissier (ou surgelée),
12 pommes golden, 2 œufs,
2 cuillerées à soupe de sucre en poudre,
60 g de beurre, sucre glace.

Préparation : 20 minutes.

Cuisson : 20 minutes.

Réalisation : facile.

Méthode

• Éplucher les pommes. Les évider à l'aide d'un vide-pomme.
Les couper en deux dans la hauteur puis en fines tranches.

• Étaler la pâte sur une épaisseur de 3 mm. La découper en
6 disques de 15 cm de diamètre. Les déposer sur une plaque à
pâtisserie beurrée ou recouverte d'un papier spécial.

• Disposer les tranches de pomme sur le feuilletage en les faisant
chevaucher.

• Faire ramollir le beurre. Le mettre dans une terrine avec les
œufs et le sucre. Bien mélanger à la fourchette de manière à avoir
une crème lisse. Répartir cette crème sur les tartes.

• Les mettre à cuire à four moyen (180°) 20 minutes environ.
Elles doivent être croustillantes et bien dorées.

• Les saupoudrer de sucre glace au moment de servir.

Ce document est tiré :

a > ☐ du cahier de recettes   b > ☐ d'un livre d'un célèbre pâtissier ;
       d'un grand restaurant ;   c > ☐ d'un livre de cuisine.

99 Vrai ou faux ? Cochez la bonne réponse.

	Vrai	Faux
a > Il faut deux cuillères de sucre glace.	☐	☐
b > Quarante minutes est le temps nécessaire pour cuire la préparation.	☐	☐
c > On utilise deux œufs entiers.	☐	☐
d > La recette est plutôt difficile.	☐	☐
e > La pâte peut être achetée dans un magasin.	☐	☐
f > Les pommes doivent être vertes.	☐	☐
g > La recette est destinée à quatre personnes.	☐	☐
h > Il faut douze pommes.	☐	☐

100 Relisez la recette puis reliez chaque action à l'ingrédient correspondant.

Les actions			Les ingrédients
Couper	•	•	Le sucre en poudre
Éplucher	•	•	Les pommes
Étaler	•	•	Le beurre
Saupoudrer	•	•	Le sucre glace
Ramollir	•	•	Les œufs
Mélanger	•	•	La pâte feuilletée
Cuire	•	•	Les tranches de pommes
		•	Les tartes

101 Répondez aux questions suivantes par un mot (ou un groupe de mots) qui se trouve dans le texte.

a > Quel est l'ustensile utilisé pour évider les pommes ? ....

b > Quelle est la forme donnée à la pâte en la découpant ? ....

c > Où doit-on déposer la pâte pour la faire cuire ? ....

d > Dans quoi mélange-t-on le beurre, les œufs et le sucre ? ....

e > Quand doit-on utiliser le sucre glace ? ....

102 Retrouvez dans le texte les mots qui complètent la liste.

a > .... feuilletée

b > .... facile

c > .... fines

d > .... beurrée

e > .... spécial

f > .... lisse

g > .... moyen

h > .... croustillantes et dorées

103 Observez les documents et répondez.

Pour votre confort dans le TGV   **SNCF**

1 > **Dans quel type de transport pouvez-vous voir ce document ?**

....

2 > **Associez chaque pictogramme au texte correspondant et copiez-le.**

....
....
....
....

....
....
....
....

....
....
....
....
....

....
....
....
....

....
....
....
....
....

a > Lorsque le bar est en service, le pictogramme correspondant est allumé au dessus de la porte.

b > Vous êtes en 2e classe. Les salles non fumeurs sont repérées par le pictogramme correspondant. Dans les salles fumeurs un cendrier coulissant se trouve à l'extrémité de l'accoudoir.

c > Vous pouvez avancer l'assise de votre siège en position de repos par action sur la manette située sous l'accoudoir.

d > À l'extrémité de chaque salle se trouve une case à bagages pour valises volumineuses. Par précaution ne pas y déposer d'objets de valeur.

e > L'occupation des toilettes est signalée par un voyant lumineux orange situé au-dessus de la porte de cette salle.

f > ■ Pour vos vêtements, une patère se trouve au voisinage de la baie.
■ Si vous souhaitez faire modifier la température de cette salle climatisée, veuillez vous adresser au contrôleur du train.

104 Lorsque vous voyagez, vous devez utiliser du vocabulaire en rapport avec votre moyen de transport.
Lisez les définitions et trouvez dans le texte le mot correspondant à chacune d'elles.

a > Récipient destiné à recevoir les cendres de tabac : ....

b > Partie d'un fauteuil ou d'un canapé pour poser les bras : ....

c > Disque ou ampoule électrique d'avertissement pour appareil de contrôle : ....

d > Support pour suspendre les vêtements : ....

e > Personne chargée d'exercer une vérification : ....

105 Associez.

1 > Un voyant	•	•	a > climatisée
2 > Une salle	•	•	b > lumineux
3 > Des valises	•	•	c > coulissant
4 > Un cendrier	•	•	d > volumineuses

AUTO-ÉVALUATION DE L'ÉCRIT (LIRE)

Vous avez fait les activités du chapitre « Lire ». Avez-vous réussi très facilement, facilement, difficilement ou assez difficilement. Si vous avez répondu difficilement ou assez difficilement, refaites les activités correspondant aux parties concernées.

Je peux lire et comprendre	Très facilement	Facilement	Difficilement	Assez difficilement
– les indications portées sur un document d'identification. Activités nos 66, 76, 77, 92, 103, 104, 105.				
– des écrits simples (listes, notes…). Activités nos 51 à 61.				
– des pictogrammes, des inscriptions et des panneaux. Activités nos 65, 67.				
– un faire-part, un carton d'invitation, une lettre amicale. Activités nos 51 à 61, 64.				
– la présentation d'un film, d'un événement. Activités nos 82 à 86.,				
– les programmes de spectacles, d'activités de loisir. Activités nos 69 à 72 et 93 à 97.				
– des écrits descriptifs : des guides touristiques. Activités nos 74, 75.				
– des circulaires simples. Activités nos 62, 82.				
– des recettes de cuisine. Activités nos 98 à 102.				
– des prospectus. Activités nos 62, 63, 74, 75, 77 à 81, 87 à 91, 93.				
– des publicités. Activités nos 62, 63, 76.				

→ PRODUCTION ÉCRITE

L'épreuve d'expression écrite du DELF A2 junior comporte 3 parties.

Écrire des lettres personnelles

Les activités proposées dans cette partie vous permettront de mieux appréhender des situations de communication dans la correspondance afin d'y répondre (exprimer des remerciements, des excuses, des félicitations…).

Écrire des notes, des messages, remplir un formulaire

Les activités proposées dans cette partie vous permettront de rédiger des messages (e-mail, différents types de message…).

Décrire et raconter des événements et des expériences personnelles

Dans cette partie, les activités proposées vous permettront de décrire et d'expliquer des événements et des expériences personnelles, dans des situations qui relèvent de la vie quotidienne (personnes, lieux, travail, études).

Comment procéder

L'approche proposée repose sur un travail qui favorise :

• l'expression écrite ;
• la communication lors de tâches simples et habituelles sur des sujets de votre environnement quotidien.

Elle vous permet de :

• prendre conscience des différents contextes dans lesquels ont écrit ;
• faciliter l'expression d'intentions communicatives dans ces situations ;
• vous aider à la construction d'un document écrit.

Les activités sont de type :

• répondre à des messages ;
• répondre à des lettres ;
• constituer des listes ;
• construire des emplois du temps ;
• répondre à des questionnaires à choix multiples (QCM) ;
• remettre en ordre une histoire.

106 Pour chaque situation (colonne de gauche), vous écrivez une lettre avec une (ou des) intention(s) (ligne du haut). Mettez une croix dans la (ou les) case(s) correspondante(s).

	Inviter	Vous excuser	Remercier	Féliciter	Demander des informations	Donner des informations	Dire votre opinion
Une inscription							
Un anniversaire							
Le 31 décembre							
Un mariage							
Une réussite à un examen							
Le courrier des lecteurs							
Un retard							
Un travail saisonnier							

107 Indiquez pour chaque phrase l'intention correspondante.

1 > Je souhaiterais suivre un stage dans votre association sportive.

2 > Je serai très heureux de participer à la soirée surprise organisée chez Caroline.

3 > Merci pour les cadeaux !

4 > Je regrette de ne pas pouvoir assister à la fête.

5 > Je cherche le numéro de téléphone de la secrétaire de M. Dupont.

6 > Je vous remercie de l'aide que vous m'avez apportée.

7 > Nous aimerions connaître les tarifs des cours.

8 > Voici la liste des auberges de jeunesse de la région que vous m'avez demandée.

a > S'excuser .... Phrase n° ....

b > Inviter .... Phrase n° ....

c > Féliciter .... Phrase n° ....

d > Remercier .... Phrase n° ....

e > Demander des informations .... Phrase n° ....

f > Donner des informations .... Phrase n° ....

g > Accepter .... Phrase n° ....

108 Relevez les formules pour chaque intention.

    a > S'excuser : ....

    b > Féliciter : ....

    c > Remercier : ....

    d > Demander des informations : ....

    e > Donner des informations : ....

109 Remettez dans l'ordre cette carte d'invitation et écrivez-la.

    1 > Ton amie Véronique.

    2 > Je sais que tu les aimes au chocolat. Alors, je t'attends samedi.

    3 > Elle se trouve à côté de la boulangerie.

    4 > J'espère que tu pourras venir.

    5 > Je suis heureuse de t'inviter à l'occasion de mon anniversaire le samedi à partir de 16 heures dans la maison de mes grands-parents.

    6 > Il y aura tous nos amis et beaucoup de gâteaux à manger.

    7 > Chère Laure,

....

....

....

....

....

....

....

110 Vous écrivez une carte pour inviter vos amis à votre anniversaire.

....

....

....

....

....

....

....

....

....

....

111 Vous envoyez des cartes postales. Rédigez chacune de ces cartes.
Aidez-vous des informations du tableau.

	Carte 1	Carte 2	Carte 3
Expéditeur	Vous	Vous	Vous
Activité de l'expéditeur	Visites des monuments	Promenades	Bronzage
Météo	Forte chaleur	Pluie et vent	Soleil
Lieu visité	La Provence	La Bretagne	La Côte d'Azur
Destinataire	Votre professeur	Vos parents	Un ami

Abbaye de Sénanque

1 > ....

....

....

....

....

....

....

Chemin le long du littoral breton

2 >
....
....
....
....

Pins parasols et port sur la Côte d'Azur

3 >
....
....
....
....

112 Écrire pour inviter quelqu'un.
Classez les différents motifs d'invitation dans le tableau.

> Un mariage

> Une soirée

> Un cocktail

> Un anniversaire

> Un bal

> Un dîner

> Un week-end

> Un baptême

> Des fiançailles

> Un apéritif

> Un goûter

> Une remise de diplôme

> Une randonnée

> Une partie de golf

Invitations formelles	Invitations amicales

113 Vous écrivez une carte pour inviter vos amis à un dîner. Vous leur demandez d'apporter quelque chose.

_____

_____

_____

_____

_____

_____

_____

_____

114 Vous écrivez une carte pour inviter vos amis à une sortie au restaurant. Vous précisez pourquoi vous les invitez et vous indiquez l'heure, l'adresse du rendez-vous.

_____

_____

_____

_____

_____

_____

_____

_____

_____

_____

_____

_____

115 Vous recevez ce message.

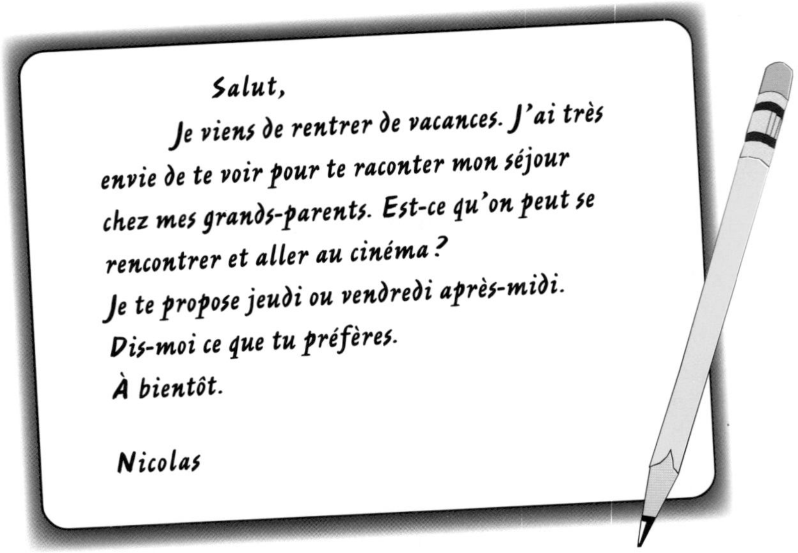
Salut,

Je viens de rentrer de vacances. J'ai très envie de te voir pour te raconter mon séjour chez mes grands-parents. Est-ce qu'on peut se rencontrer et aller au cinéma ?

Je te propose jeudi ou vendredi après-midi.

Dis-moi ce que tu préfères.

À bientôt.

Nicolas

Vous répondez à ce message dans chacune des situations ci-dessous.

1 > Vous acceptez.

2 > Vous refusez et vous expliquez pourquoi.

3 > Vous proposez autre chose.

1 >

2 >

3 >

116 Vous recevez ce carton.

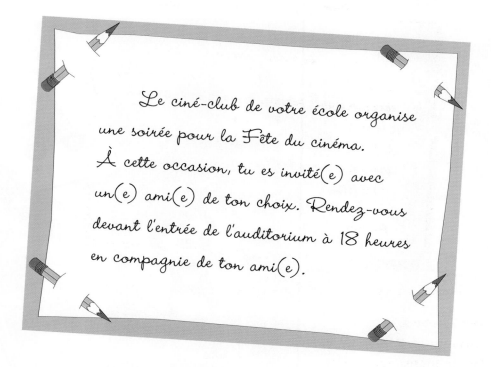

Le ciné-club de votre école organise une soirée pour la Fête du cinéma. À cette occasion, tu es invité(e) avec un(e) ami(e) de ton choix. Rendez-vous devant l'entrée de l'auditorium à 18 heures en compagnie de ton ami(e).

Vous répondez à ce carton dans chacune des situations ci-dessous.

1 > Vous confirmez l'invitation.

2 > Vous regrettez mais vous refusez et vous expliquez pourquoi.

1 >

2 >

117 Quelles sont les trois formes de messages possibles à envoyer à sa grand-mère pour sa fête ?

1 > .... 2 > .... 3 > ....

118 À vous d'écrire à votre grand-mère sur les mêmes modèles.

1 > ....
....
....
....

2 > ....
....
....
....

3 > ....
....
....
....

119 Vous avez reçu ce prospectus dans votre boîte aux lettres ce matin. Vous envoyez un e-mail pour demander des informations en posant trois questions précises (le lieu, les dates, les prix).

Expérimenter le goût de la scène - Choisir de s'affirmer en s'amusant
Découvrir l'adrénaline des planches - Se constituer une nouvelle «tribu» unique !

Bref, l'envie secrète de se mettre à l'impro théâtrale...

COMMEDIA FLUO
L'ATELIER D'IMPRO POUR ADOS

Infos, cours d'essai & inscriptions : Esteban au 60 26 91 75 72
www.commediaonline.com

De :	
A :	
Cc :	
Cci :	
Sujet :	

☐ Accusé de réception
☑ Copie dans "Messages envoyés"
☐ Priorité haute
☐ Confidentiel

Fichier(s) joint(s) : AJOUTER/MODIFIER

Correcteur ◆

▼ AJOUTER A VOTRE MESSAGE
Signature : Aucune ◆   Carte de visite : Aucune ◆   Message prédéfini : Aucun ◆

120 Votre ami vous a envoyé cet e-mail.

▸LIRE UN MESSAGE   < message > Suivant

| RÉPONDRE | RÉPONDRE À TOUS | TRANSFÉRER | SUPPRIMER | Déplacer vers le dossier ⬍ |

Pour ajouter un contact, cliquez sur son adresse e-mail.   Version imprimable | Exporter le message

Date :

De :

A :

Sujet :

Salut, comme tu le sais, nous sommes invités à l'anniversaire de Charlotte, samedi. Si tu veux, nous pouvons lui faire un cadeau ensemble. Je te propose d'acheter un livre ou un CD. Dis-moi si tu es d'accord et combien tu veux mettre. J'attends ta réponse.

Marc

Vous acceptez et vous répondez à Marc en lui donnant les informations qu'il demande.

....
....
....
....
....
....
....

121 Vous répondez à Marc en refusant. Vous lui expliquez pourquoi.

....
....
....
....
....

122 Vous avez reçu cette lettre ce matin dans votre boîte aux lettres.

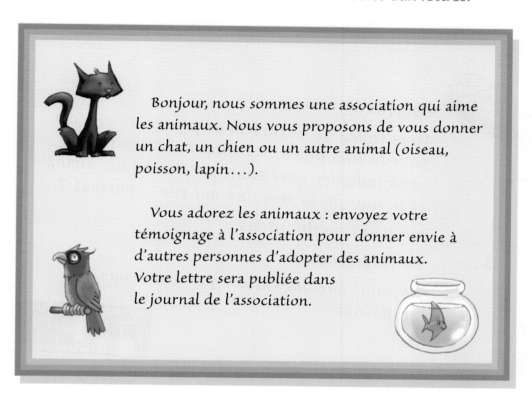

Bonjour, nous sommes une association qui aime les animaux. Nous vous proposons de vous donner un chat, un chien ou un autre animal (oiseau, poisson, lapin…).

Vous adorez les animaux : envoyez votre témoignage à l'association pour donner envie à d'autres personnes d'adopter des animaux. Votre lettre sera publiée dans le journal de l'association.

Rédigez votre témoignage comme vous le demande ce document.

....

....

....

....

....

....

123 Si vous voulez adopter un animal, écrivez-nous. Expliquez pourquoi vous voulez en avoir un.

....

....

....

....

....

....

124 Vous répondez à cette lettre. Donnez des exemples de films correspondant au genre choisi.

Cher(Chère) ami(e),

Vous venez de gagner deux places de cinéma pour le film de votre choix. Pourriez-vous nous indiquer quel genre de films vous aimez et le jour de la semaine qui vous convient ?

Meilleures salutations.

Le ciné-sympa.

Ci-joint, quelques films que nous vous proposons.

FILM

NOUVEAUTÉS

♥ ♥ ♥ **« Ray »**
de Taylor Hackford, avec Jamie Foxx, Kerry Washington et Clifton Powell. ♦ **L'extraordinaire destin de Ray Charles, de son enfance marquée par le drame, la mort de son petit frère et sa cécité à 6 ans, à sa légendaire carrière jalonnée de succès. La réussite d'un paria et d'un génie musical illuminé par l'interprétation troublante de Jamie Foxx.**

♥ ♥ **« Neverland »**
de Marc Forster, avec Johnny Depp, Kate Winslet et Julie Christie. ♦ **Un joli mélodrame biographique sur l'auteur de « Peter Pan », James Barrie, interprété avec une grâce mélancolique par Johnny Depp.**

(REPRISE)

VACANCES ROMAINES
Comédie de William Wyler (E-U, 1953), 1 h 59. Avec Gregory Peck, Audrey Hepburn.
Parangon de la comédie romantique américaine mâtinée de tourisme hollywoodien. Une carte postale figée par le temps, un faux classique où vibrionne quand même la toujours pétillante Audrey Hepburn.

Tintin et le lac aux requins 1972, franco-belge. 1 h 30. Dessin animé de Raymond Leblanc (pour enfants). ♦ **Le petit monde d'Hergé. Les pantalons de golf de Tintin, des coups de gueule du capitaine Haddock, la folie douce du professeur Tournesol. Qui s'en lasserait ? Sûrement pas nous. E.F.**

Les Choristes 2003, français, 1 h 35. Comédie de Christophe Barratier avec Gérard Jugnot, François Berléand, Jacques Perrin, Jean-Baptiste Maunier. ▶ **1949, Clément Mathieu est engagé comme pion dans un internat. En créant une chorale il va apporter un peu de douceur aux enfants et faire naître des vocations. Un premier film touchant et sensible sur la quête de soi. B.B.**

Peter Pan, retour au pays imaginaire 2002, américain. 1 h 13. Dessin animé de Robin Budd. ▶ **Jane, douze ans, la fille de Wendy, ne croit pas du tout aux histoires de Peter Pan jusqu'au jour où le capitaine Crochet la kidnappe pour tendre un piège à son éternel rival... Suspense, aventures et poésie. J.-L.W.**

La Terre vue du ciel 2004. français. 1 h 07. Documentaire de Renaud Delourme. ▶ **Un documentaire sur la naissance du monde et ses beautés magnifiquement illustré par les photos prises du ciel par Yann Arthus-Bertrand. Pour les amoureux de la nature et de la phographie. B.B.**

Printemps, été, automne, hiver... et printemps 2003, coréen, 1 h 43. Aventure de Kim Ki-duk avec Oh Young-su, Kim Young-min, Kim Ki-duk. ▶ **Élevé par un vieux moine, un garçon découvre la passion avec une jeune fille de passage. Un magnifique voyage spirituel. B.B.**

Aviator 2004, américain, 2 h 25. Drame de Martin Scorsese avec Leonardo DiCaprio, Cate Blanchett, Kate Berckinsale, John C. Reilly, Adam Scott, Gwen Stefani, Alec Balwin, Alan Alda, Jude Law, Ian Holm. ▶ **Des années vingt à quarante, la vie éclatante et névrotique d'Howard Hughes. Folies et phobies, glamour et damnation. La maestria de Scorsese et le talent de Leonardo DiCaprio dans une fresque étourdissante. M.-N.T.**

Tintin et le temple du soleil 1969, franco-belge. 1 h 30. Dessin animé de Raymond Leblanc (pour enfants). ▶ **Mille sabords ! Voici des aventures bien pittoresques et colorées. Toute la bande, de Tintin à Milou en passant par le capitaine Haddock, se retrouve au fin fond de la jungle. De quoi rêver. E.F.**

Kié la petite peste 1981, japonais, 1 h 15. Divers de Isao Takahata. ▶ **Une petite fille malheureuse et débrouillarde dans un quartier populaire d'Osaka. D'après un manga connu, un dessin animé entre réalisme social, humour et merveilleux. M.-N.T.**

Kiki la petite sorcière 1989. japonais, 1 h 42. Dessin animé de Hayao Miyazaki. ▶ **Pour devenir une vraie sorcière, Kiki, petite fille de treize ans, doit quitter sa famille et s'intégrer pendant une année entière dans une ville inconnue. Un récit drôle et sensible de l'émancipation difficile d'une enfant atypique. D.D.**

Source : *Figaroscope.*

125 Vous invitez des amis à dîner, vous voulez faire une mousse au chocolat. Vous devez aller faire les courses. Regardez la recette et préparez votre liste.

Bain-Marie

à feu doux

jaunes

blancs

50 g = 2 c. à soupe

1 pincée

en neige

Doucement pour ne pas casser les blancs

au réfrigérateur 24 h

126 Vous revenez du supermarché avec les ingrédients. Maintenant, préparez les ustensiles de cuisine. Retrouvez les objets nécessaires à la préparation.

a > ☐ Une fourchette   b > ☐ Une casserole

c > ☐ Un bol   d > ☐ Une cuillère

e > ☐ Un batteur électrique   f > ☐ Deux bols

g > ☐ Un couteau   h > ☐ Une poêle

127 Au dîner, vos amis vous demandent la recette de votre mousse au chocolat. Vous l'écrivez.

1 > Les ingrédients :

2 > La recette :

128 Dimanche, c'est votre anniversaire. Vous organisez une petite fête avec quelques amis. Vous écrivez un mot à vos voisins. Dans le mot, vous donnez la raison de la fête, l'heure, les activités qui pourraient les déranger, et vous formulez des excuses et des remerciements.

Chers voisins .....

129 Vous êtes devant la porte de votre maison, sans vos clefs. Vous laissez un mot à vos parents pour leur expliquer la situation.
Dans votre mot, vous indiquez la raison de votre absence, le lieu et la personne chez qui vous allez, et le numéro de téléphone où vous êtes.

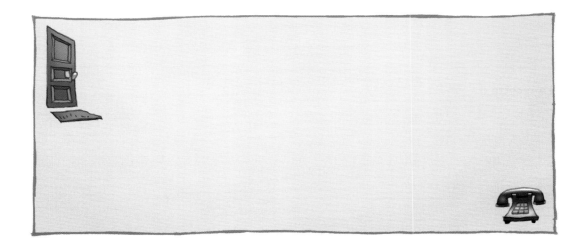

130 Vous venez de recevoir un CD pour votre anniversaire, mais vous l'avez déjà. Vous envoyez un e-mail à un copain pour lui proposer d'échanger votre CD contre un autre.

```
○○○                          @ Écrire                                    ○
      AOL Mail
```

Destinataires : [   ]   Copie : [   ]   ≡✉
                                                                          Envoyer
Sujet : [   ]   maintenant

[   ]   Carnet
                                                                          d'adresses

Fichiers joints :
[   ] Joindre   Signature   Aide
                  Supprimer   ☐ Avec accusé de réception pour les abonnés AOL

131 Vous avez lu ce message, mais vous ne pouvez pas faire ce que l'on vous demande parce que vous avez rendez-vous avec votre copain de classe pour travailler. Vous laissez un petit mot en expliquant la situation à votre maman.

Je suis partie à
une réunion à l'école
de ta sœur. Peux-tu
ranger ta chambre et
aller faire les courses
au supermarché ?
La liste est sur
le bureau. À tout
de suite.
        Maman.

132 Vous avez trouvé cette publicité dans votre boîte aux lettres. Elle vous a intéressé(e). Vous la laissez à vos parents sur la table de la cuisine accompagnée d'un petit message.
Vous expliquez pourquoi et quand vous voulez y aller.

Vous avez lu la publicité du CIDJ. Vous voulez connaître l'adresse la plus proche de chez vous. Vous écrivez un e-mail pour obtenir l'information, vous vous présentez et vous donnez vos coordonnées.

Site où vous allez écrire

À :	
Cc :	
Cci :	
Objet :	

134 Votre ami(e) a une petite sœur. Vous devez organiser des occupations pour toute une journée avec eux. Voici des activités que la ville propose.

BIBLIOTHÈQUE DU JARDIN PUBLIC
Les mercredis à 14 h 30
Des ateliers appelés « Mercredi, je dis » proposent aux enfants de découvrir un thème précis à travers la lecture.

BIBLIOTHÈQUE MUNICIPALE
1er, 2e, 3e mercredis du mois à 14 h 30
Des projections cinématographiques de longs métrages sont particulièrement destinées aux plus jeunes. Les séances sont précédées par la diffusion de dessins animés.

CINÉMA JEAN-VIGO
Mercredi, samedi et dimanche à 14 h 15
Ce cinéma a créé, il y a quelques années déjà, des projections de films et de dessins animés pour les 4-12 ans. On y découvre des grands classiques ou d'autres moins connus mais très bien aussi.

MUSÉE D'AQUITAINE
Christine accompagne les enfants de 5 à 12 ans dans des visites du musée. Ces visites finissent par une séance de dessin, de collages en rapport avec le thème de la visite. Les places sont limitées, il est donc nécessaire de réserver à l'avance.

Vous envoyez un e-mail au musée pour demander des renseignements sur les visites, pour vous inscrire.

Dans votre message, vous vous présentez et vous demandez trois informations qui vous intéressent.

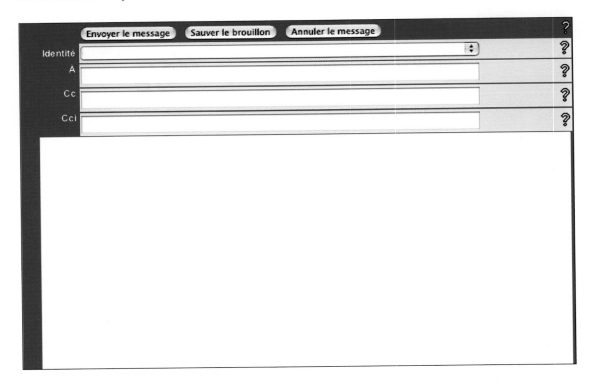

135 Vous avez choisi deux activités parmi les quatre proposées.

1 > Première activité choisie : ....

2 > Deuxième activité choisie : ....

136 Vous envoyez un e-mail à votre ami(e) pour lui donner rendez-vous. Le rendez-vous est sur le lieu de la première activité que vous avez choisie.
Vous lui présentez ce que vous allez faire.

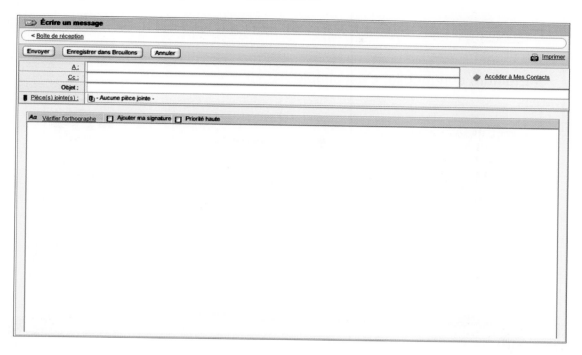

137 Vous avez oublié de parler de la deuxième activité !
Vous envoyez un autre e-mail à votre ami(e) pour vous excuser et lui proposer la deuxième activité.

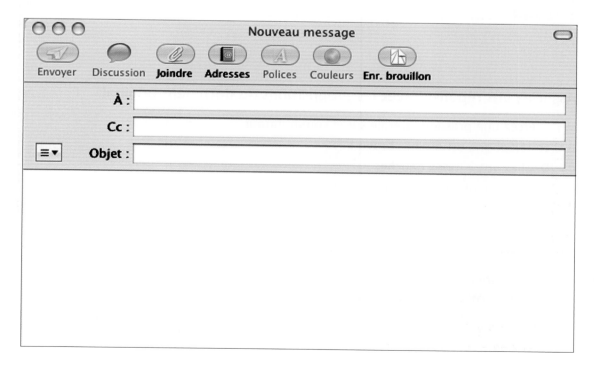

138 Écrivez les instructions qui correspondent à chaque dessin.

Faites un geste pour l'environnement sonore.

> Éteindre son mobile, c'est simple :

&

communiquons plus   orange

1 > ....

2 > ....

3 > ....

4 > ....

139 Associez vos réponses avec les propositions du document original.

a > Exercez une pression latérale sur le commutateur. .... → n° ....

b > Le téléphone est éteint : bravo ! .... → n° ....

c > Dépliez votre index gauche. .... → n° ....

d > Prenez le mobile dans votre main droite. .... → n° ....

140 Lisez la publicité. Vous êtes intéressé(e), mais vous ne voulez pas partir seul(e) en week-end. Vous envoyez la publicité avec un message à un(e) ami(e) pour profiter de l'offre : vous indiquez le lieu où vous partez, le moyen de transport et trois activités possibles.

De : .... **À :** ....

....

....

....

....

141 Vous avez un(e) ami(e) qui joue d'un instrument de musique. Vous lui envoyez un mot pour lui expliquer le document « Paris Jeunes Talents 2005 » : vous lui proposez d'aller chercher un dossier d'inscription en indiquant le lieu du rendez-vous, la date.

142 Un jeu tirage au sort propose de gagner la carte UGC. Lisez le document UGC.
Vous écrivez le message pour gagner la carte.
(Vous vous présentez et vous donnez trois raisons d'aller au cinéma.)

UGC ILLIMITÉ
LA 1ère CARTE D'ABONNEMENT AU CINÉMA

> Marie Duval   0007421

■ **DU CINÉMA SANS LIMITE :**

– Où vous voulez, quand vous voulez, aussi souvent que vous le voulez.
– Dans tous les cinémas UGC et chez nos partenaires soit plus de 360 écrans en France.

Films français, productions étrangères, films d'auteur, d'action, d'émotion, humoristiques, longs et courts métrages, vous pourrez avec votre carte UGC ILLIMITÉ accéder à un vaste choix de films en version originale ou en version française.

■ **DES AVANTAGES EXCLUSIFS :**

– Des invitations pour vous et la personne de votre choix à des avant-premières, au Label des spectateurs UGC, à des soirées spéciales.
– Des avantages négociés pour vous auprès de nos partenaires : théâtres, concerts, spectacles, manifestations sportives, boutiques…

■ **LE SERVICE UGC PROMPTO :**

– Vous évitez les files d'attente aux caisses.
– Vous êtes certain(e) de voir le film que vous souhaitez.

Pour seulement
18 € par mois*

* 18 €/mois pour une durée minimale de 12 mois, hors frais de dossier de 30 € et le prorata du mois en cours.

143 Faites un cadeau !
Achetez la carte UGC
à un(e) ami(e) !
Écrivez à votre ami(e)
en lui demandant
les documents
nécessaires pour lui
établir sa carte.

L'IDÉE CADEAU
Si vous souhaitez offrir la carte UGC ILLIMITÉ, présentez-vous sur un stand UGC ILLIMITÉ avec la photo du bénéficiaire et un relevé d'identité bancaire. Vous repartirez quelques minutes après avec sa carte.
Si vous ne pouvez pas vous déplacer, complétez un formulaire sans oublier d'y joindre la photo et le règlement : nous lui enverrons sa carte sous une quinzaine de jours. Si vous souhaitez la recevoir chez vous pour la lui remettre en mains propres, il vous suffit de cocher la case prévue à cet effet.

DÉCRIRE ET RACONTER DES ÉVÉNEMENTS ET DES EXPÉRIENCES PERSONNELLES

144 Choisissez le lieu que vous préférez. Écrivez un court texte descriptif et objectif (c'est-à-dire sans présenter votre opinion personnelle).

1 > Au bord de la rivière

2 > Dans les Alpes

3 > Port sur l'Atlantique

4 > La Défense

5 > Les Alpilles

6 > En Alsace

145 **Qualité ou défaut ? Classez ces mots dans le tableau.**

méchant joli
gentil
orgueilleux
sincère
prétentieux
agréable
paresseux
joyeux
superficiel
honnête
capricieux
élégant
sale
fragile

bavarde
avare
doux
hypocrite
merveilleux
imbécile
travailleur
gros
mince
intelligent
beau
bon
agressif

triste
splendide
sympa
impatient
pessimiste
drôle
souriant
optimiste
enchanté
musclé
antipathique généreux
snob
grand

Qualité/caractéristique positive	Défaut/caractéristique plutôt négative

146 *Physique ou psychologique ?*
Reprenez les mots de l'activité précédente et classez-les maintenant dans ce tableau.

Physique	Psychologique

a

b

c

Quel est le personnage que vous aimez le plus ?

Vous allez travailler les prochaines activités avec le personnage que vous avez choisi.

148 Remplissez la fiche pour donner une identité au personnage que vous avez choisi.

Nom : ....

Prénom : ....

Nationalité : ....

Date de naissance : ....

Lieu de naissance : ....

Adresse : ....

....

....

Profession : ....

Activités préférées : ....

....

Meilleure qualité : ....

....

Pire défaut : ....

....

Situation de famille : ....

149 Écrivez un texte court en le décrivant physiquement : *sexe, taille, cheveux, yeux, habillement.*
Vous pouvez utiliser les mots des activités 145 et 146.

....

....

....

....

....

150 Écrivez son portrait psychologique et imaginez ses qualités et ses défauts.

....

....

....

....

....

151 Maintenant, vous allez organiser une journée de votre personnage. Remplissez son agenda.

Moment de la journée	Lieu	Activités
8 heures : *le matin*	*À la maison*	*Se lever*
De 8 h à 12 h :	....	....
À 12 h :	....	....
De 13 h à 18 h :	....	....
Vers 18 h 30 :	....	....
À 20 h :	....	....
De 21 h à 23 h 30 :	....	....
De 00 h à 7 h 30 :	....	....

152 Vous êtes journaliste pour le journal de votre école.
Vous écrivez un article, dans la rubrique « Vie quotidienne », sur les activités quotidiennes de votre personnage. Vous devez vous aider de l'activité 151 et aussi du vocabulaire des activités 149 et 150.

....

....

....

....

....

....

....

153 Comme la majorité des Français, votre personnage principal croit à la chance !
Hier, c'était un vendredi 13. En France, la majorité des Français jouent au Loto.
Votre personnage joue aussi au Loto et BINGO ! ses numéros sont sortis.
Vous faites un article sur sa journée d'hier en vous aidant des notes de votre
collègue journaliste.
Notes manuscrites de votre collègue :

> Descendre comme chaque matin pour aller travailler
> Passer devant le kiosque à journaux
> Beaucoup de monde
> Pourquoi ?
> Vendredi 13, tout le monde achète des billets de Loto
> Acheter un billet aussi
> Journée normale
> Retour maison
> Allumer la télévision
> Voir les six numéros gagnants
> Mêmes numéros que son billet
> Appeler des copains
> Fêter l'événement.

À vous d'écrire l'article !

Une journée chanceuse.
Hier,..

....

....

....

....

....

....

....

....

154 Interview de votre personnage sur ce qu'il va faire ou fera avec l'argent gagné. Imaginez ses réponses.

– Bonjour, comment vous sentez-vous après avoir gagné au Loto ?

– ....

– Alors, maintenant que vous êtes riche, tout le monde a envie de savoir ce que vous allez faire dans le futur. Vous avez des projets ?

– ....

– Je vais vous poser des questions sur vos projets concernant votre vie quotidienne. Vous voyez, un peu comme si vous alliez voir une voyante ! Alors, on commence : votre travail ?

– ....
....

– Votre maison ?

– ....
....

– Vous changez de maison, comment sera-t-elle ?

– ....
....
....

– Ferez-vous des voyages ? Et dans quels endroits irez-vous ?

– ....
....
....

– Achèterez-vous une voiture ?

– ....

– Et pour votre famille, vos parents, vous leur donnerez de l'argent ?

– ....
....

– Quel est le ou les rêves que vous allez réaliser ?

– ....
....
....
....

155 Lisez le document. Vous décidez d'écrire un article pour le journal de votre école dans la rubrique « Loisirs ». Vous présentez le lieu de résidence du séjour : A ou B (entourez votre choix).
Vous choisissez trois ou quatre informations au maximum pour écrire votre article.

Les services de la vie étudiante
CNOUS
CROUS

" Séjours Culturels d'été "
CROUS de : **Grenoble**

Résidence A

Nom de la résidence : OUEST
Période de disponibilité : du 15 juillet au 15 août
Adresse : domaine universitaire
38400 Saint Martin d'Hères

Type de logements : chambres avec sanitaires
Nombre de logements : 20
Niveau de standing : bon
Mis à disposition : draps, couverture
Equipements : cuisine à l'étage avec frigo individuel
Restauration : oui
Restauration sur place : à confirmer
Type de restauration : à confirmer

Tarifs :

Nuit : 25,50 €
Quinzaine : 170 €
Mois : 300 €
Ce prix comprend : uniquement l'hébergement

Supplément petit-déjeuner : 3,20 € par jour
Supplément demi-pension : 8,70 € par jour
Comprenant repas de midi en restaurant universitaire et petit-déjeuner

Résidence B

Nom de la résidence : BERLIOZ
Période de disponibilité : du 15 juillet au 15 août
Adresse : domaine universitaire
38400 Saint Martin d'Hères

Type de logements : chambres avec sanitaires
Nombre de logements : 20
Niveau de standing : bon
Mis à disposition : draps, couverture
Equipements : Téléphone récepteur, cuisine à l'étage avec frigo individuel
Restauration : oui
Restauration sur place : à confirmer
Type de restauration : à confirmer

Tarifs :

Nuit : 25,50 €
Quinzaine : 170 €
Mois : 300 €
Ce prix comprend : uniquement l'hébergement

Supplément petit-déjeuner : 3,20 € par jour
Supplément demi-pension : 8,70 € par jour
Comprenant repas de midi en restaurant universitaire et petit-déjeuner

Résidence Berlioz

Quais Grenoble

156 À l'aide des informations du document, écrivez un court texte qui a pour titre : « L'alimentation des Français ».

Respecter la structure de l'article :
Une phrase d'introduction.

Une première partie :
- les différents repas ;
- le temps passé pour manger ;
- les aliments mangés.

Une deuxième partie :
- le budget consacré à l'alimentation ;
- une comparaison avec d'autres pays.

....
....
....
....
....
....
....
....
....
....
....
....
....
....

À TABLE !

● La mode culinaire revient aux plats simples : sardines à l'huile, purée-jambon, œufs sur le plat, soupes de légumes, etc.

● Les Français sont de plus en plus attachés au petit déjeuner :
* 10 % seulement n'en prennent pas.
* 15 % ne prennent qu'une boisson.
* 70 % choisissent la formule « continentale » : pain, croissant, confiture, café.

● La France est l'un des pays d'Europe où l'on mange le plus de légumes frais.

● En 2001, les Français consacraient 11,4 % de leur budget de consommation à l'alimentation, contre 14,5 % en 1985.

● Les Français passent plus de temps à table depuis quelques années :
* Petit déjeuner : 18 minutes par jour en semaine et 34 le week-end.
* Déjeuner : 32 % le prennent sans se mettre à table.
* Dîner : 33 minutes par jour en semaine et 45 leweek-end.

TÉMOIGNAGES

Jonathan, 19 ans :
« Moi, je fais des études pour être prof de sport.
Alors je dois faire attention à ce que je mange :
il faut que ce soit à la fois équilibré et que ça me
donne de l'énergie pour me dépenser.
Rien de meilleur que les pâtes. »

Chloé, 16 ans :
« Plus tard, j'aimerais devenir un grand chef. J'adore
préparer des plats pour toute la famille. Mais ce n'est
pas toujours facile de concilier qualité et originalité.
On tombe vite dans la routine. »

Arnaud, 21 ans :
« J'ai toujours des tonnes de choses à faire : étudier,
faire du sport, sortir avec mes amis. Je m'assois
rarement pour manger. Je suis un adepte du micro-
ondes, sinon c'est sandwich, hamburger, pizza...
Depuis que je ne vis plus chez mes parents, je fais
ce que je veux ! »

Source : *Chez nous*,
vol. 48, n°2, nov.-déc. 2004.

Comme Jonathan, Chloé et Arnaud, vous écrivez au courrier des lecteurs du
journal pour témoigner sur votre façon de manger.

158 Vous avez participé au Grand Concours de la Francophonie à Paris.
Votre professeur de français dans votre pays vous a envoyé cette lettre.

Cher(e) Juan (Ghizlane),

Je vous écris cette lettre pour savoir comment ça va.
J'espère que vous êtes bien arrivé(e) à Paris et que la famille
qui vous a accueilli(e) est sympathique. Paris est-elle une ville
magnifique ? Avez-vous eu le temps de visiter des monuments ?
Les Français sont-ils gentils avec vous ? Parlez-vous en
français ? Je suis sûr que vous adorez être en France !
Et le concours ? Racontez-moi comment cela s'est passé.
Les participants, les autres étudiants, les épreuves étaient-elles
difficiles ? Je voudrais tellement être avec vous mais mes
occupations me retiennent au pays. En attendant votre réponse,
je vous souhaite une excellente fin de séjour en France
et à très bientôt.

Votre professeur de français.

A

Vous répondez à toutes ses questions et vous lui donnez tous les détails.

AUTO-ÉVALUATION DE L'ÉCRIT (ÉCRIRE)

Vous avez fait les activités du chapitre « Écrire ». Avez-vous réussi très facilement, facilement, difficilement ou assez difficilement. Si vous avez répondu difficilement ou assez difficilement, refaites les activités correspondant aux parties concernées.

Je peux écrire en français pour remplir ou rédiger	Très facilement	Facilement	Difficilement	Assez difficilement
– une fiche d'inscription Activités nos 125, 126, 138, 148.				
– un texte simple : un mail, carton d'invitation Activités nos 109, 130, 137, 141.				
– des indications sur une page d'agenda Activité no 124.				
– le récit de ma vie quotidienne Activités nos 122, 142.				
– une lettre pour inviter Activités nos 110, 112, 113, 125, 140.				
– une lettre pour remercier Activité no 116.				
– une lettre pour refuser une invitation Activités nos 115, 116, 121.				
– une lettre pour demander des renseignements Activités nos 119, 133, 134, 143.				
– un récit simple (lettre à un(e) ami(e) pour lui raconter un voyage) Activités nos 111, 140, 151.				
– un récit pour raconter ce que je fais, ce que j'ai fait ou ce que je ferai Activités nos 122, 123, 128, 151 à 153, 157, 158.				
– le portrait physique et moral d'une personne, la description d'un lieu Activités nos 144 à 146, 149, 150, 155.				
– un texte court (une recette de cuisine, un « petit mot »…) Activités nos 117, 118, 127, 128, 129, 131, 132				
– une lettre amicale en donnant des informations pratiques (des rendez-vous, des activités possibles…) Activités nos 111, 120, 132, 136, 141.				

PRODUCTION ORALE

L'épreuve de production orale comporte 3 parties et dure de 6 à 8 minutes.

Parler de soi : entretien

Dans cette partie, il s'agit d'un entretien. Pendant cet entretien avec l'examinateur, le candidat doit se présenter.

Décrire des événements et des expériences personnelles

Dans cette deuxième partie, il s'agit de parler de son environnement familier, de sa vie quotidienne, de raconter des événements, de décrire des projets ou des activités, d'expliquer en quoi une chose plaît ou déplaît.

Communiquer dans des situations de la vie quotidienne

Cette troisième partie de l'examen oral du DELF A2 junior, porte sur une interprétation de situation de communication de la vie quotidienne. Le candidat joue le rôle d'un personnage, l'examinateur interprète le rôle de l'autre personnage.

Comment procéder

Vous devez vous préparer à pouvoir communiquer dans des situations habituelles et familières pour un francophone, c'est-à-dire qu'il vous faut :

- comprendre la situation de communication ;
- comprendre le rôle de chaque personnage et comment il devra agir ;
- utiliser les moyens linguistiques adaptés à la situation ;
- respecter les codes socioculturels.

Pour cela, vous aller réaliser des **activités** du type :

- faire des suggestions et y répondre pour organiser un week-end, une sortie, une fête ;
- demander une permission pour faire quelque chose ;
- vous excuser d'avoir fait ou non quelque chose et vous expliquer ;
- demander des renseignements, des informations sur un spectacle, un objet, un concert, ou pour utiliser les transports publics ;
- demander et fournir des renseignements sur un nombre, un prix, une quantité.

PARLER DE SOI : ENTRETIEN

Dans cette première partie de l'examen oral du DELF A2 Junior, vous devrez vous présenter d'une manière générale après avoir salué votre examinateur.

Pour cette présentation, vous allez donc :
– parler de vous,
– parler de votre famille,
– parler de vos études,
– parler de vos goûts et de vos loisirs,
– parler de votre environnement quotidien.

L'examinateur vous posera ensuite quelques questions complémentaires. Vous y répondrez de manière précise mais brève.

159 ▶ *Les sujets abordés dans la présentation.*
Voici une liste de sujets que vous pourrez traiter dans votre présentation.
Associez chaque sujet à un thème.

SUJET	THÈMES			
	Vous	Votre famille	Vos études	Vos goûts Vos loisirs
Votre identité				
La classe dans laquelle vous êtes				
Votre animal favori				
Vos parents				
Votre âge				
L'apprentissage du français				
Le sport que vous pratiquez				
Vos frères et sœurs				
Votre ville d'origine				
Votre couleur préférée				
Votre adresse				
L'instrument de musique pratiqué				
Votre nationalité				
L'âge de vos frères / sœurs				
Votre matière préférée à l'école				
Le métier que vous voulez faire				
Votre pays				
Pourquoi vous passez le Delf				
Votre activité favorite				

160 *Imaginez les questions.*

Pour chaque thème traité dans votre présentation, imaginez quelques questions que l'examinateur peut vous poser. Aidez-vous de la liste des sujets.

Parlez de vous.

Exemple : « *Où habitez-vous ?* »

....

....

....

....

....

....

Parlez de votre famille.

Exemple : « *Décrivez les personnes de votre famille.* »

....

....

....

....

....

Parlez de vos études.

Exemple : « *Depuis combien de temps étudiez-vous le français ? Pourquoi ?* »

....

....

....

....

....

Parlez de vos goûts et de vos loisirs.

Exemple : « *Qu'est-ce qui vous plaît dans le sport ? Lequel pratiquez-vous ?* »

....

....

....

....

....

161 À vous ! Imaginez d'autres questions et répondez-y.

....

....

....

....

162 🎧 Écoutez la présentation de l'adolescent et complétez sa fiche.

Prénom : ....

Âge : ....

Nationalité : ....

Ville : ....

Pays : ....

Sa mère

Prénom : .... Âge de sa mère : ....

Profession : ....

Son père

Prénom de son père : .... Âge de son père : ....

Profession : ....

Frères et sœurs

Frère : ☐ non; ☐ oui nombre : .... âge : .... prénom : ....

Sœur : ☐ non; ☐ oui nombre : .... âge : .... prénom : ....

Études :

Nombre d'années d'étude du français : ....

Matière(s) préférée(s) : ....

Sport(s) pratiqué(s) ....

Depuis combien de temps : ....

Goûts :

Adore	Aime beaucoup	Aime un peu	N'aime pas beaucoup	N'aime pas du tout	Déteste	A horreur de

163 Complétez votre fiche de présentation.

Prénom : ....
Âge : ....
Nationalité : ....
Ville : ....
Pays : ....

Ma mère
Prénom : ....   Âge de ma mère : ....
Profession : ....

Mon père
Prénom de son père : ....   Âge de mon père : ....
Profession : ....

Mes frères et sœurs
Frère : ☐ non; ☐ oui nombre : .... âge : .... prénom : ....
Sœur : ☐ non; ☐ oui nombre : .... âge : .... prénom : ....

Études :
Nombre d'années d'étude du français : ....
Matière(s) préférée(s) : ....

Sport(s) pratiqué(s) ....
Depuis combien de temps : ....

Goûts :

J'adore	J'aime beaucoup	J'aime un peu	Je n'aime pas beaucoup	Je n'aime pas du tout	Je déteste	J'ai horreur de

164 *Présentez-vous.*
Vous avez complété votre fiche. Maintenant, en vous aidant de celle-ci, imaginez ce que vous allez dire pour vous présenter.

Dans cette deuxième partie, vous allez parler de votre environnement quotidien, raconter des événements, décrire des projets ou des activités, expliquer en quoi une chose vous plaît ou vous déplaît.

Avant l'entretien, vous devez choisir un sujet. Vous disposez de quelques minutes pour le préparer.
Pendant l'entretien avec l'examinateur, vous devez décrire quelque chose ou quelqu'un, raconter ou expliquer quelque chose.
Donnez le maximum d'informations, expliquez et justifiez vos réponses.

165 *Décrire, raconter ou expliquer.*
Lisez les sujets.
Pour chaque sujet, que devez-vous faire : décrire, raconter ou expliquer.
(Il y a parfois plusieurs réponses possibles.)

SUJETS	Décrire	Raconter	Expliquer	
0. Parlez de vos journées quotidiennes.				
1. Comment est votre chambre ?				
2. Que faites-vous le week-end en général ?				
3. Qu'est-ce que vous avez fait pendant vos dernières vacances ?				
4. Quel est votre film favori ?				
5. Parlez de votre ville.				
6. Parlez de votre meilleur(e) ami(e).				
7. Parlez du sport que vous pratiquez.				
8. Qu'est-ce que vous aimez faire pendant vos loisirs ?				
9. Quelle est la spécialité culinaire de votre pays ?				
10. Parlez du dernier livre que vous avez lu.				

Parler de son environnement quotidien : sa ville ou son village

166 **Parlez de votre ville ou de votre village**

1 > Situez votre ville/village.

> Dites où il/elle se situe dans le pays : au nord, au sud, à l'est, à l'ouest, au centre.
(Pour un village ou une petite ville, donnez le nom d'une grande ville proche.)
> Précisez la taille : petit(e), moyen(ne), grand(e), mégapole.
> Dites le nombre d'habitants et comment ils s'appellent.
> Quels sont les monuments connus / ce qu'on peut visiter ?
> Quelle langue parle-t-on ?
> Le climat : chaud, tempéré, pluvieux.

2 > À vous ! Présentez votre ville.

🎧 *Exemple :* ....

....

....

....

....

167 *Dites ce que l'on peut trouver dans votre ville ou votre village.*

Voici des éléments que l'on trouve dans une ville, en France : classez-les.

Les personnes (a), les lieux (b), les avantages et inconvénients (c).

Gare	Musée	Pistes cyclables	Commissariat
Écoles	Cinéma	Plage	Terrains de foot
Café	Jeunes	Hôpitaux	Terrains de tennis
Espaces verts	Théâtre	Pont	Bibliothèque
Piscine	Discothèque	Rue piétonnière	Pollution
Collège	Commerces	Personnes âgées	Embouteillage
Université	Aéroport	Touristes	Lieu de culte (temple,
Lycée	Immeubles	Opéra	synagogue, mosquée, église)
Crèche	Fleuve	Entreprise / usine	Maisons de retraite

a > ....

....

b > ....

....

c > ....

....

Complétez la liste pour parler de votre ville d'origine.

....

....

....

168 Décrivez votre ville ou votre village, aidez-vous de la liste de l'activité précédente et des expressions proposées.

> Il y a un(e) ....

> Il n'y a pas de ....

> Il y a trop de ....

> Mais il n'y a pas assez de ....

> Il y a beaucoup de ....

> Il n'y a pas beaucoup de ....

> Il y a quelques ....

> Il y a assez de ....

169 *Donnez votre opinion.*
Dites ce que vous pensez de votre ville. Ce que vous aimez ou vous n'aimez pas, ce qui fonctionne bien, ce qui fonctionne moins bien.

🎧 *Exemple :*

....

....

....

....

....

....

....

170 *Imaginez une visite de la ville.*
Un(e) ami(e) français(e) vient vous rendre visite un week-end. Imaginez un circuit et des activités pour deux jours dans votre ville.
N'oubliez pas d'utiliser les expressions : *d'abord, pour commencer, ensuite, puis, après, plus tard, enfin, pour terminer.*

....

....

....

....

....

....

....

....

....

171 *Parlez d'un monument de votre ville.*

Pour parler d'un monument qui représente votre ville :
– donnez son nom, dites le type de construction, datez-le ;
– décrivez-le et donnez ses caractéristiques ;
– expliquez sa fonction aujourd'hui et celle d'autrefois.

		Votre monument
Son nom	Le monument le plus connu de ma ville, c'est… Le monument qui représente le mieux ma ville s'appelle… Pour moi, le monument le monument le plus important de ma ville, c'est…	
Type de construction	C'est un château, une église, une statue, une tour, une arène	
La date de construction	Il a été construit, créé, bâti, érigé en… par… (les Romains, Napoléon, Louis XIV…)	
Les caractéristiques	Il est en pierre, en bois, en acier… Il / elle ressemble à… Il / elle est : – de style roman, gothique… – grand, petit, haut, immense… – de couleur blanche, grise… – en ruine, intacte, abîmé, nettoyé…	
Les fonctions	Au départ, il / elle servait à… C'est le symbole de… Il / elle commémore la victoire de…, la bataille de… Aujourd'hui, il/elle sert à… On y expose…, on y célèbre…. On peut le/ la visiter.	

172 *Décrire un appartement.*

1 > **Observez le plan ci-dessous et répondez aux questions.**

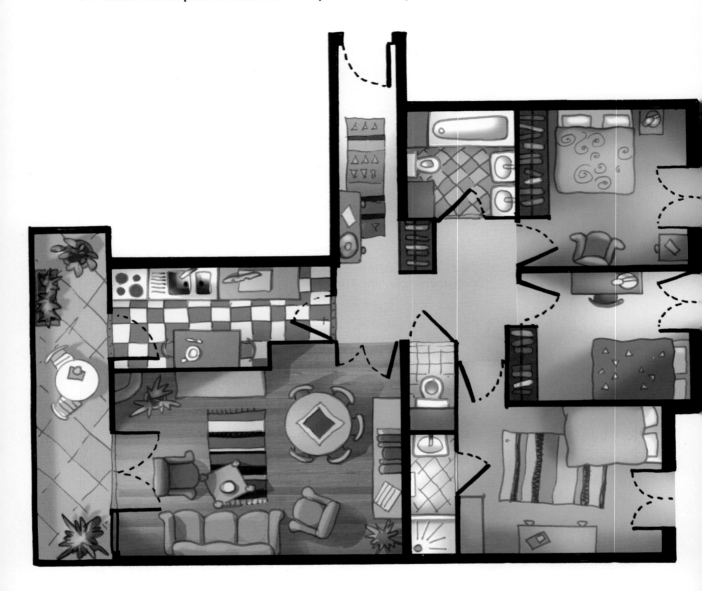

a > Combien de chambres voyez-vous sur ce plan ? ....

b > S'agit-il d'un 3 pièces, 4 pièces ou 5 pièces ? ....

c > Combien y a-t-il de salles de bains ? ....

d > Combien y a-t-il de toilettes ? ....

e > Y a-t-il une penderie dans l'entrée ? ....

f > Dans quelles autres pièces y a-t-il des penderies
ou armoires ? ....

g > Quelles pièces ont accès sur le balcon ? ....

h > Le salon et la salle à manger sont-ils séparés ? ....

2 > Décrivez l'appartement : situez les pièces et dites ce que vous voyez dans chacune d'elle.

Quand vous entrez, il y a un couloir. Au bout du couloir, à droite, il y a ....

....

....

....

....

....

....

....

....

....

173 *Décrivez votre appartement ou votre maison.*

1 > **Répondez à ces questions.**

a > Vous habitez dans un appartement ou dans une maison ? ....

b > Où est situé votre logement ? Dans le centre ville, en banlieue, dans le village, dans la campagne ? ....

c > À quel étage se trouve l'appartement ? Combien d'étages a la maison ? ....

d > Combien de pièces y a-t-il ? Quelles sont-elles ? Comment sont-elles ? ....

....

e > Que trouve-t-on dans chaque pièce ? Faites un inventaire des meubles, appareils électroménager, objets de décoration. ....

....

2 > **Faites la description de votre logement, reprenez les réponses que vous venez de donner. Situez chaque pièce et décrivez-la.**

....

....

....

....

....

....

....

....

....

Parler de son environnement quotidien : sa chambre

174 *Que trouve-t-on dans une chambre ?*
Imaginez tout ce que l'on peut trouver dans une chambre : *meubles, appareils électriques, objets de décoration, instruments de musique, objets pour le sport…*

a > Par terre :
....
....

b > Sur le mur :
....
....

c > Contre le mur :
....
....

d > Sur un meuble :
....
....

e > Sous un meuble :
....
....

f > Dans une armoire :
....
....

175 *Décrivez votre chambre.*
Faites une description précise de votre chambre. Nommez et situez les meubles et les objets. Précisez les couleurs, expliquez aussi pourquoi certaines choses sont dans votre chambre (exemple : c'est un cadeau de ma grand-mère, c'est un souvenir de vacances…)

....
....
....
....
....
....
....
....

176 *Les différences.* Observez ces deux dessins. Dites toutes les différences que vous pouvez voir entre l'un et l'autre.

Parler d'une personne que vous aimez

 177 Choisissez une personne que vous aimez et que vous allez décrire. Il peut s'agir d'une personne de votre famille, d'un(e) ami(e), d'un personnage connu que vous appréciez.

1 > **Remplissez la fiche pour la personne que vous avez choisie.**

Nom : ....

Prénom : ....

Âge : ....

Situation de famille : ....

Profession ou études : ....

Sports pratiqués : ....

Instrument de musique pratiqué : ....

Goûts : ....

....

....

....

....

....

Description physique

Taille : ....

Cheveux : ....

Yeux : ....

....

Caractère

....

....

....

....

....

....

Lien avec vous

....

....

**2 > Maintenant écrivez ce que vous pensez dire pour la présenter.
Expliquez pourquoi vous avez choisi de parler de cette personne,
pourquoi vous l'appréciez.**

Décrire une journée habituelle

178 *Parler de son emploi du temps.*

1 > Observez l'emploi du temps de Jules, 15 ans, en classe de Seconde au lycée Fénelon à Paris.

	Lundi	Mardi	Mercredi	Jeudi	Vendredi	Samedi
8 h 15 9 h 15	Histoire Géographie	Français	Maths	Vie de classe*	Anglais	Éducation civique
9 h 15 10 h 15				Maths		Espagnol
10 h 15 11 h 15	Français	Maths	Espagnol		EPS (sport)*	Anglais
11 h 15 12 h 15			Français	Histoire Géographie		
12 h 15 13 h 15	DÉJEUNER					
13 h 15 14 h 15	Espagnol	Chimie ou SVT* ou Physique		Physique ou Chimie	Histoire Géographie	
14 h 15 16 h 15	Science éco (SES)*				Science éco (SES)*	
16 h 15 17 h 15						

* SES = sciences économiques et sociales
* SVT = sciences de la vie et de la Terre
* EPS = éducation physique et sportive

* Vie de la classe = cette activité a lieu 2 fois par mois. Elle se déroule dans la classe avec le professeur principal. C'est un moment où les élèves discutent de ce qui va et ne va pas dans la classe.

2 > Comparez avec votre propre emploi du temps (ou l'emploi du temps d'un élève du même âge dans votre pays).

a > Allez-vous à l'école les mêmes jours ? Les mêmes heures ? ....
....

b > Quelle(s) matière(s) avez-vous aussi ? Avez-vous le même nombre d'heures pour ces matières ? ....
....

c > Quelles sont les matières que vous n'avez pas ? ....

d > Qu'est-ce qui vous semble mieux/moins bien que dans votre emploi du temps ? ....
....
....

La journée de Jules.

1 > **Remettez dans l'ordre chronologique les moments de la journée de Jules.**

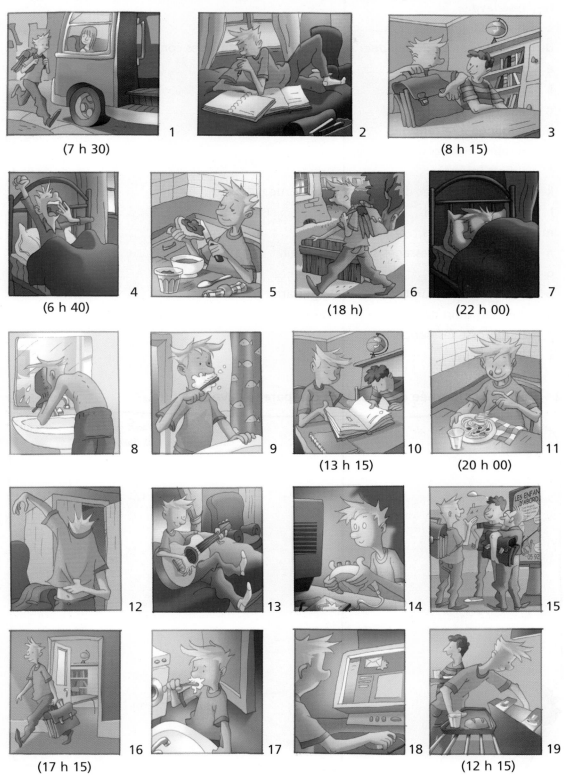

1 (7 h 30)

2

3 (8 h 15)

4 (6 h 40)

5

6 (18 h)

7 (22 h 00)

8

9

10 (13 h 15)

11 (20 h 00)

12

13

14

15

16 (17 h 15)

17

18

19 (12 h 15)

	Activités de Jules	N° de la vignette
a	Jules se lève	
b	Il se lave.	
c	Il s'habille.	
d	Il prend son petit déjeuner (bol de chocolat et tartines confiture).	
e	Il se brosse les dents.	
f	Il prend le bus.	
g	Il commence les cours.	
h	Il mange à la cantine.	
i	Il reprend les cours.	
j	Il finit les cours.	
k	Jules discute avec des copains dans la rue.	
l	Il rentre chez lui.	
m	Il fait ses devoirs.	
n	Il regarde ses messages sur l'ordinateur.	
o	Il dîne.	
p	Jules dans sa chambre joue de la guitare.	
q	Jules en train de jouer au jeu vidéo.	
r	Il se brosse les dents.	
s	Il se couche.	

2 > Décrivez la journée de Jules puis comparez-la avec la vôtre.

180 Décrivez une de vos journées habituelles.

1 > **Répondez à ces questions pour vous aider.**

> À quelle heure vous levez-vous normalement ?
> Qu'est-ce vous prenez au petit déjeuner ?
> À quelle heure quittez-vous la maison ?
> Comment allez-vous à l'école ?
> À quelle heure commence les cours ?
> À quelle heure et où déjeunez-vous ?
> À quelle heure finissez-vous les cours ?
> Que faites-vous après l'école ?
> À quelle heure dînez-vous ?
> Que faites-vous après le dîner ?
> À quelle heure vous couchez-vous ?
> À quelle heure vous endormez-vous ?

2 > **Maintenant décrivez votre journée. Précisez les heures.**

Parler d'événements – Raconter des expériences personnelles

Parler de ses vacances

181 Complétez le schéma avec le vocabulaire en relation avec chaque thème.

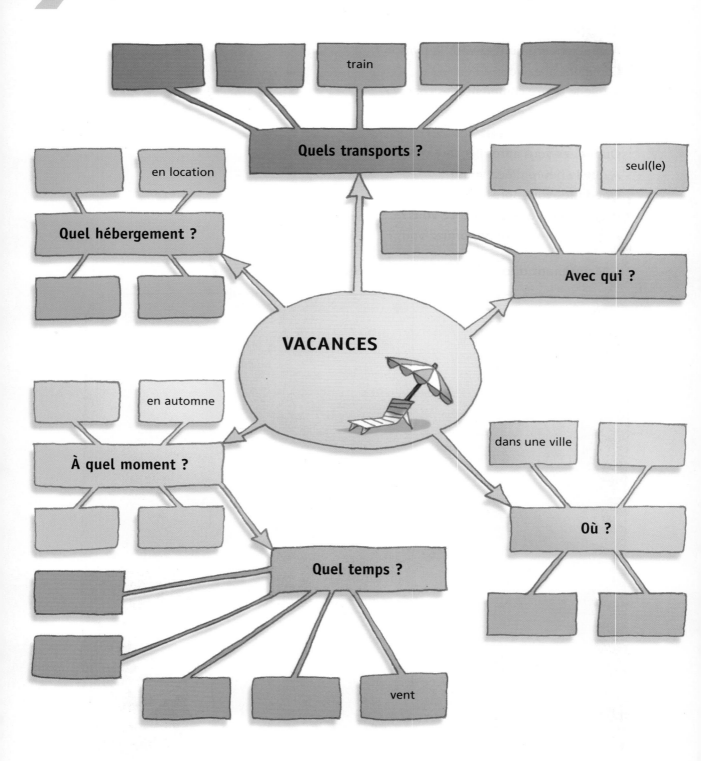

182 Observez ces photos de paysages.

a > En Normandie, au printemps

b > Station balnéaire en été

c > Station de sports d'hiver

d > Dans les Alpes en été

e > La tour Eiffel et le pont Alexandre III

1 > Décrivez ces photos.

a > ....

....

b > ....

....

c > ....

....

d > ....

....

e > ....

....

2 > Dites quelles activités on peut faire dans les lieux que vous venez de décrire. Aidez-vous des dessins ci-dessous.

183 Vous choisissez de partir en vacances dans un de ces lieux. Quel endroit choisissez-vous ? Expliquez les raisons de ce choix en parlant de vous goûts.

🎧 *Exemple* : *J'ai choisi la photo 1 parce que j'aime les vacances tranquilles et en famille. J'aime aussi la campagne et la nature. Je fais de l'équitation et donc je pourrai faire du cheval. On peut faire de longues promenades ....*

....

....

....

....

....

....

....

....

....

....

....

184 Romain, 15 ans, répond à des questions sur ses dernières vacances. Associez les questions aux réponses.

Questions	Réponses
1 > Où es-tu parti ?	a > Il a fait beau mais pas trop chaud.
2 > Tu es parti quand ?	b > J'ai visité le Colisée, la villa Borghese, le Vatican, le Panthéon et plein de ruines romaines.
3 > Comment as-tu voyagé ?	c > Je suis allé à Rome.
4 > Avec qui es-tu parti ?	d > J'ai mangé beaucoup de pizzas et de pâtes, hum ! Et aussi des glaces !
5 > Où as-tu dormi ?	e > C'était super ! C'est une ville magnifique.
6 > Qu'est-ce que tu as fait ?	f > Pendant les vacances de printemps.
7 > Quel temps il a fait ?	g > On y est allé en avion. Sur place, on a utilisé les transports en commun. Et j'ai même fait du scooter pendant deux jours.
8 > Qu'est-ce que tu as mangé de typique ?	h > J'étais dans un hôtel dans le centre.
9 > Est-ce que tu as aimé ?	i > Les ruines romaines m'ont vraiment impressionné. J'ai aussi adoré les balades en scooter.
10 > Qu'est-ce que tu as préféré ?	j > Avec mes parents, ma sœur et des amis de mes parents.

Donner son opinion.

185 Quand vous racontez vos vacances, vous pouvez apporter des appréciations sur les lieux visités, les gens rencontrés.

1 > Lisez ces appréciations. Dites si on donne une opinion sur des lieux (L) ou des personnes (P).

– Il y a beaucoup à voir.	....		– Ils sont sympathiques.	....	
– C'est superbe !	....		– C'est charmant.	....	
– Ils sont agressifs.	....		– C'est pittoresque.	....	
– C'est nul !	....		– Très hospitaliers !	....	
– C'est le paradis !	....		– Vraiment typique !	....	
– C'est moche !	....		– C'est bruyant !	....	
– Très accueillants !	....		– C'est mignon comme tout !	....	
– Il y a trop de pollution.	....		– On est les uns sur les autres.	....	
– C'est sale !	....		– Toujours prêts à t'aider.	....	
– C'est d'un ennui !	....		– C'est splendide !	....	
– Ils sont fermés !	....		– Il y a tellement à voir !	....	
– C'est très laid !	....		– C'est cher !	....	

2 > Regardez de nouveau ces appréciations et dites s'il s'agit d'appréciations positives (+) ou négatives (–).

– Il y a beaucoup à voir.	....		– Ils sont sympathiques.	....	
– C'est superbe !	....		– C'est charmant.	....	
– Ils sont agressifs	....		– C'est pittoresque.	....	
– C'est nul !	....		– Très hospitaliers !	....	
– C'est le paradis !	....		– Vraiment typique !	....	
– C'est moche !	....		– C'est bruyant !	....	
– Très accueillants !	....		– C'est mignon comme tout !	....	
– Il y a trop de pollution.	....		– On est les uns sur les autres.	....	
– C'est sale	....		– Toujours prêts à t'aider.	....	
– C'est d'un ennui !	....		– C'est splendide !	....	
– Ils sont fermés !	....		– Il y a tellement à voir !	....	
– C'est très laid !	....		– C'est cher !	....	

186 *Racontez vos dernières vacances.*
Pour raconter vos dernières vacances, vous devez parler de plusieurs choses.

a > Dire où vous êtes allé, situer le lieu et le décrire (qu'est-ce qu'il y a à cet endroit ?).

b > Dire quand vous êtes parti et combien de temps.

c > Préciser avec qui vous êtes parti.

d > Parler de l'habitat (où avez-vous logé ?)

e > Dire ce que vous avez fait (les activités).

f > Parler de la gastronomie de l'endroit et de ce que vous avez mangé et bu.

g > Parler du temps qu'il a fait.

h > Donner vos appréciations sur vos vacances.

À vous !

....
....
....
....
....
....
....

187 *Parlez de vos prochaines vacances.*
On pourra vous demander lors de l'oral de parler de vos prochaines vacances.

Si vous savez ce que vous allez faire, vous pouvez le raconter. Vous pouvez aussi imaginer où vous irez. Vous pouvez alors imaginer vos vacances idéales.
Dans tous les cas, vous utiliserez le futur.

Vous préciserez :

– l'endroit où vous allez séjourner ;
– le lieu où vous dormirez ;
– avec qui vous partirez ;
– ce que vous avez planifié de faire pendant ces vacances.

À vous !

....
....
....
....
....
....
....
....

Parler d'un livre

188 Parlez d'un livre que vous avez particulièrement apprécié.

1 > Répondez aux questions.

> Quel est le titre du livre ? ....

> Qui l'a écrit ? ....

> Quelle est la nationalité de l'écrivain ? ....

> Qu'a-t-il écrit d'autre ? ....

> Quand a-t-il écrit ce livre ? ....

> Qui sont les personnages principaux du roman ? ....

> Que raconte l'histoire en quelques mots ? ....

> Quand avez-vous lu ce livre ? ....

> En combien de temps l'avez-vous lu ? ....

> Comment l'avez-vous découvert ? ....

> Pourquoi vous a-t-il plu ? ....

> En général, à quel moment de la journée lisez-vous ? Dans quel(s) lieu(x) ? ....

2 > Écrivez maintenant ce que vous pensez dire pour parler du livre que vous préférez ?

....

....

....

Parler d'une fête traditionnelle de son pays

189 Vous allez parler d'une fête traditionnelle de votre pays.

1 > Pour vous aider, répondez aux questions.

> À quel moment de l'année a-t-elle lieu ? ....

> Qu'est-ce qu'elle célèbre ? ....

> Que fait-on pour cette fête ? ....

> Y a-t-il des décorations spéciales ? Se déguise-t-on ? ....

> Fabrique-t-on des plats spécialement pour cette fête ? ....

> On la fête en famille ? Avec des amis ? ....

> Est-ce qu'on se fait des cadeaux ? ....

> Danse-t-on ? ....

> Y a-t-il des défilés ? des courses d'animaux ? ....

> Combien de temps dure la fête ? ....

2 > Écrivez maintenant ce que vous pensez dire pour parler de cette fête.

....

....

....

COMMUNIQUER DANS DES SITUATIONS DE LA VIE QUOTIDIENNE

190 Indiquer (grâce à la lettre qui convient) quelle est votre intention en prononçant chaque phrase ci-dessous.

a > demander une permission ;
b > faire des excuses ;
c > demander des informations ;
d > proposer, suggérer ;
e > demander un avis et donner votre opinion ;
f > remercier.

– Excusez-moi, vous avez l'heure s'il vous plaît ? ....
– Pardon, vous pourriez me dire où est le rayon jouets, s'il vous plaît ? ....
– Si on allait au cinéma, ce soir ? ....
– Qu'est-ce que tu en penses ? ....
– J'aimerais savoir jusqu'à quelle heure le magasin est ouvert ? ....
– Merci beaucoup. ....
– Pour aller gare Saint-Lazare, s'il vous plaît ? ....
– À quelle heure part le prochain train ? ....
– À mon avis, le premier était mieux. ....
– À quelle heure commence la séance ? ....
– Ça te dirait de faire les magasins ? ....
– Je peux aller au ciné avec Caroline ? ....
– Pardon de vous déranger… ....
– Est-ce que vous avez la même en bleu, s'il vous plaît ? ....
– Quel est votre avis ? ....
– Je vous remercie de votre aide. ....
– J'aimerais faire du skate avec Mathieu demain, tu veux bien ? ....
– Si tu veux, on peut marcher. ....
– Je trouve que celui-là est plus joli. ....
– Je suis désolé(e)… ....

Nous allons dans les pages suivantes vous présentez cinq situations de la vie quotidienne.
Plusieurs activités sont reliées à chacune de ces situations. Elles vont vous permettre de vous exprimer dans un contexte précis.

> ### ➡ Situation 1

Vous avez décidé d'organiser un anniversaire surprise pour un(e) de vos ami(e)s. Avec un(e) autre ami(e), vous mettez au point l'organisation de cette fête d'anniversaire. Vous discutez :

– de la date et du lieu de la fête ;
– de la liste des invités et de la manière dont vous allez contacter les personnes ;
– des plats à apporter et du choix des boissons ;
– de la décoration ;
– de la musique.

191 Vous allez tout d'abord préparer la discussion.

1 > **Qui sont les personnages ?**

a > ☐ Vous et un de vos parents ?   b > ☐ Vous et l'ami(e) qui fête son anniversaire ?

c > ☐ Vous et un(e) ami(e) ?

2 > **Vous allez dire tu ☐ ou vous ☐ ?**

3 > **Que pensez-vous faire dans la discussion ?**

a > ☐ Proposer   b > ☐ Suggérer

c > ☐ Vous excuser   d > ☐ Donner des ordres

e > ☐ Poser des questions   f > ☐ Demander l'avis de l'autre

g > ☐ Reprocher quelque chose   h > ☐ Donner votre opinion

4 > **Voici des phrases que vous pouvez dire pendant la conversation. Classez-les en fonction de ce qu'elles expriment. Placez la lettre correspondante dans le tableau ci-dessous.**

a > Quand est-ce qu'on peut faire l'anniversaire surprise de Xavier ?

b > Qui est-ce qu'on peut inviter ?

c > Qu'est-ce qu'on mangera ?

d > Pour la salle, j'ai pensé à des ballons verts et jaunes. Ça rappellera le Brésil !

e > Mes parents nous prêtent le garage pour l'anniversaire. Qu'est-ce que tu en penses ?

f > Tu connais bien ces amis, toi ?

g > Tu crois qu'on peut dire à Marc de venir ?

h > C'est un supporter de Marseille, on peut choisir de décorer en bleu et blanc comme les couleurs de l'O.M. ?

i > On demande à chacun d'apporter quelque chose, non ?

j > On pourrait le faire dans la salle des fêtes samedi après-midi.

k > Si on le faisait chez moi samedi prochain ?

l > On pourrait inviter son ami(e) d'enfance, Sarah ?

m > Moi, je peux faire une quiche et apporter du jus de fruits.

n > Tu sais faire les crêpes ?

o > Je te propose de le faire chez lui, ses parents sont d'accord et ils savent pour la surprise.

p > Tu peux inviter les gens de la classe ? Moi, je m'occupe de ses amis du club de hockey, ça va ?

q > On peut les prévenir par texto, si tu veux ?

r > On fait une liste de choses à manger et à boire, et puis on voit qui apporte quoi ?

s > Tu sais ce qu'il aime Xavier ?

t > C'est quoi son plat favori ?

u > J'envoie un mail à Sébastien et à Marie et toi, tu préviens Marc et Sophie, d'accord ?

v > Tu peux apporter quoi, toi ?

Phrase utilisée pour :	N° de la phrase
décider de la date et du lieu :	
faire la liste des invités et des modalités d'invitation :	
choisir les boissons et la nourriture :	
décider de la décoration :	

192 Voici un exemple de dialogue.
Complétez-le avec des répliques de l'activité 191.

Ami(e) : Alors où et quand fait-on l'anniversaire surprise de Benoît ?

Vous : ....

Ami(e) : Oui, c'est une bonne idée. Et qui est-ce qu'on invite ?

Vous : ....

Ami(e) : Oh oui, il sera très content de la voir. Et qui d'autres ?

Vous : ....

Ami(e) : D'accord, j'en parle aux gens de la classe discrètement.
Et qu'est-ce qu'on va manger ?

Vous : ....

Ami(e) : Et moi, je peux faire une tarte aux pommes et une autre aux fraises.
Et à boire ?

Vous : ....

Ami(e) : D'accord. On voit qui vient et on note ce qu'ils apportent.
Comment fait-on pour la décoration ?

Vous : ....

Ami(e) : Oh, c'est super comme idée !

193 Et vous, que diriez-vous pour...

1 > ... décider de la date et du lieu ?

....
....

2 > ... faire la liste des invités et des modalités d'invitation ?

....
....

3 > ... choisir les boissons et la nourriture ?

....
....

4 > ... décider de la décoration ?

....
....
....

➡ Situation 2

Vos parents sont d'accord : cet été vous pouvez partir en camp d'ados avec un(e) ami(e). Vous avez le choix entre deux camps : *Rocs et vacances* et *Aquaventures*. Vous téléphonez à votre ami(e) pour lui présenter les deux possibilités et choisir avec lui (elle).

	Rocs et vacances	Aquaventures
Lieu	Millau se trouve dans l'Aveyron, au cœur des montagnes du Massif Central	L'île d'Oléron est l'une des îles françaises les plus vastes, dans l'océan Atlantique.
Dates	Du 04/07 au 17/07	
Voyage	Train	
Hébergement	Tentes de 3 à 4 places dans un camping 2 ** avec piscine.	Campement à 1 km de la mer et dans la forêt. Tentes complètement équipées : literie ; rangements, plancher en dur.
Activités	Spéléologie Initiation à l'escalade Canoë Paintball VTT Randonnées pédestres 	Surf et body-board Voile sur catamarans Jet ski Courses d'orientation en forêt Séances d'accrobranche : grimper dans les arbres en forêt Jeux de plage

194 Vous allez d'abord préparer votre conversation.

1 > **Où se passe la scène :**

a > ☐ chez vous ?

b > ☐ au téléphone ?

c > ☐ dans la rue ?

2 > **Dans cette situation,**

– vous allez dire : ☐ Tu   ☐ Vous

– vous allez parler : ☐ de souvenirs de vacances   ☐ de projets de vacances

3 > **Mettez en ordre ce que vous allez faire.**

1 > _g_ _Établir le contact_   **a >** Vous présenter.

2 > ....   **b >** Parler des camps de vacances.

3 > ....   **c >** Finir la conversation.

4 > ....   **d >** Dire vos préférences.

5 > ....   **e >** Décrire les activités.

6 > ....   **f >** Demander les préférences de votre ami(e).

7 > ....   **g >** Établir le contact.

8 > ....   **h >** Rappeler la situation.

9 > ....   **i >** Faire un choix.

10 > ....   **j >** Prendre des nouvelles de votre ami(e).

195 Associez ce que vous allez faire avec ce que vous allez dire. Pour cela, mettez en ordre ce que vous allez dire.

Réponses

a   Moi, ça va, et toi ? Tu as passé une bonne soirée hier ?

b   Un des camps se passe en montagne, dans le Massif central et l'autre sur l'île d'Oléron et donc au bord de la mer. Dans les deux, on fait du camping. Celui qui se passe à Millau a un camping avec piscine mais dans l'autre, on est près de la mer et dans la forêt. En plus, dans le deuxième, les tentes sont équipées.

c   Qu'est-ce que tu préfères faire, toi ?

d   Voilà, je t'appelle au sujet des vacances. J'ai reçu un descriptif sur 2 camps pour le mois de juillet : « Rocs et canyons » et « Aquaventure ».

e   Bon, je le dis à mes parents et ils nous inscrivent. On reparle des vacances plus tard. Salut !

f   On choisit « Aquaventures » alors ? Comme tu aimes faire du surf et du jet ski. On part à Oléron, d'accord ?

g   Allô, bonjour pourrais-je parler à … ?   _1_

h   À « Rocs et canyons », on fait de la spéléologie, de l'escalade, du canoë, du VTT, des randonnées et du paintball. À « Aquaventure », ce sont des activités plus aquatiques : voile, surf, jet ski et jeux sur la plage. Mais il y a aussi des activités en forêt : course d'orientation et on va grimper aux arbres.

i   Salut, c'est ....

j   Moi, j'aime bien la montagne, mais la spéléologie, aller sous terre, ça m'angoisse un peu. Et je crois que je préfère la mer pour les vacances.

196 À vous de jouer ! Complétez le dialogue. Vous pouvez vous aider de l'activité 195.

Votre ami(e) : Allô, oui.

Vous : ....

Votre ami(e) : Oui, c'est moi.

Vous : ....

Votre ami(e) : Ah, salut ! Ça va ?

Vous : ....

Votre ami(e) : Oui, ça va. Oh hier soir, je n'ai rien fait de spécial. Je suis resté(e) à la maison et j'ai joué sur l'ordinateur.

Vous : ....

Votre ami(e) : Et c'est où ?

Vous : ....

Votre ami(e) : Et qu'est-ce qu'on peut faire dans ces camps ?

Vous : ....

Votre ami(e) : Les deux ont l'air intéressants. Les activités proposées sont bien.

Vous : ....

Votre ami(e) : Moi, j'aime bien le canoë et l'escalade. Mais j'aime bien les sports sur l'eau et je fais du surf. Le catamaran, ça me tente bien. Et toi ?

Vous : ....

Votre ami(e) : Il faut bien choisir. On a tous les deux une préférence pour la mer.

Vous : ....

Votre ami(e) : D'accord. C'est ok. On va à Oléron. Ça va être super !

Vous : ....

Votre ami(e) : Je le dis aussi à mes parents et ils appellent les tiens. Salut !

➡ **Situation 3**

Vous venez d'emménager dans un nouveau quartier. Vous souhaitez vous inscrire à la bibliothèque afin de pouvoir emprunter des livres pour vous aider dans votre travail scolaire et aussi pour vos loisirs.

Vous téléphonez à la bibliothèque et demandez des renseignements à l'employé(e).

---

197 Préparez votre échange téléphonique.

1 > Qui sont les personnes qui discutent ? Pour quoi faire ?

....

....

2 > Les personnes sont :

a > ☐ au téléphone ?   **b >** ☐ à la bibliothèque ?

3 > Vous allez dire : ☐ tu ☐ vous ?

4 > Pensez à tous les renseignements nécessaires pour vous inscrire dans une bibliothèque.

....

....

....

....

5 > Maintenant, formulez toutes vos questions.

....

....

....

....

....

198 Complétez le dialogue.

Employé(e) : *Bibliothèque Caulaincourt, bonjour !*

Vous : Bonjour Madame / Monsieur, je viens d'arriver dans le ....
et j'aimerais avoir des .... sur la bibliothèque,
s'il vous plaît !

Employé(e) : *Bien sûr, je vous écoute.*

Vous : Quels sont les jours et les .... d'ouverture ?

Employé(e) : *La bibliothèque est ouverte du mardi au samedi de 10 h à 19 h.*

Vous : Merci. Qu'est-ce qu'il faut pour .... ?

Employé(e) : *Il faut une pièce d'... et un justificatif de domicile.*

Vous : Qu'est-ce qu'il y a comme types d'... ?

Employé(e) : *Nous avons toutes les sortes d'ouvrages : journaux, revues, magazines,
bandes dessinées, romans, dictionnaires ....*

Vous : D'accord. Est-ce qu'il y a une section pour les .... ?

Employé(e) : *Oui, au 3ᵉ étage.*

Vous : Et une salle d'études où on peut .... ?

Employé(e) : *Tout le 4ᵉ étage est une salle de travail.*

Vous : Combien de livres peut-on .... en une seule fois ?

Employé(e) : *Vous avez le droit à 5 livres et 4 CD de musique.*

Vous : .... beaucoup, Madame / Monsieur. Au revoir !

Employé(e) : *Je vous en prie, au revoir.*

➡ **Situation 4**

À vous de jouer.
Vous souhaitez vous inscrire dans un club de sport mais vous n'avez pas décidé de l'activité que vous voulez faire. Vous vous rendez à l'accueil et vous demandez des renseignements (les sports, les prix, les services, les lieux…). Vous dites ce que vous aimez et vous demandez conseil.

199 Préparez votre entretien.

1 > Qui sont les personnes ?

....

2 > Où se passe la conversation ?

....

3 > Vous allez dire ☐ tu ou ☐ vous.

4 > Quelle est la première chose que vous allez dire à votre arrivée ?
Et la dernière, à votre départ ?

....

....

5 > Préparez vos questions pour avoir les informations qui vous intéressent.

a > Type de sports pratiqués dans le club :

....

b > Tarifs :

....

c > Jours et heures d'ouverture :

....

d > Type d'installations et de restauration :

....

6 > Maintenant, expliquez vos goûts/vos préférences :

....

....

....

....

7 > Faites-vous conseiller, préparez vos questions :

....

....

....

....

200 Vous arrivez au club. À vous de jouer. Imaginez le dialogue complet.
Utilisez ce que vous avez préparé dans l'activité 189 pour commencer et terminer la conversation, imaginer le dialogue avec l'employé, obtenir les informations que vous désiriez.

....

....

....

....

....

....

....

....

....

....

....

➡ **Situation 5**

Vous avez emprunté un jeu vidéo à un ami. Mais vous ne pouvez pas le lui rendre car il ne marche plus. Vous retrouvez votre ami à l'école et vous lui expliquez la situation et ce que vous allez faire.

201 Imaginez ce que vous allez dire.

1 > **Où se passe la scène :**

a > ☐ au téléphone ?

b > ☐ chez vous ?

c > ☐ dans la cour de l'école ?

2 > **Vous allez dire** ☐ tu   ou ☐ vous.

3 > **Qu'est-ce que vous allez faire :**

a > ☐ vous excuser ?

b > ☐ vous mettre en colère ?

c > ☐ exprimer des reproches ?

d > ☐ demander une permission ?

e > ☐ proposer de rembourser l'objet ou d'en racheter un autre ?

f > ☐ expliquer la situation ?

4 > D'abord choisissez un objet (un livre, un CD, un vêtement...), puis préparez ce que vous allez dire pour :

a > expliquer la situation.

....

....

....

....

....

b > vous excuser.

....

....

....

....

....

c > proposer de rembourser ou d'en racheter un autre.

....

....

....

....

5 > À vous de jouer. Imaginez le dialogue complet.

....

....

....

....

....

....

....

....

....

....

....

....

....

....

AUTO-ÉVALUATION DE L'ORAL (PARLER)

Vous avez fait les activités du chapitre « Parler ». Avez-vous réussi très facilement, facilement, difficilement ou assez difficilement. Si vous avez répondu difficilement ou assez difficilement, refaites les activités correspondant aux parties concernées.

Je peux parler en français pour :	Très facilement	Facilement	Difficilement	Assez difficilement
– me présenter d'une manère générale. Activités nos 161, 163, 164.				
– situer dans l'espace et le temps (dire où se trouve quelqu'un, quelque chose, donner l'heure…). Activités nos 166, 171, 188.				
– faire une description simple d'un événement ou d'une activité. Activités nos 183, 188, 189.				
– dire ce que je fait, j'ai fait, je ferai pendant une « journée habituelle » ou pendant mes vacances. Activités nos 178 à 180, 186, 187.				
– décrire une personne, un endroit. Activités nos 166 à 168, 171, 172, 182.				
– décrire un appartement ou une maison. Activités nos 172 à 176.				
– faire un récit au présent, au passé ou au futur. Activités nos 183 à 187.				
– discuter d'un document en vue d'organiser quelque chose. Activités nos 190 à 196.				
– poser des questions et effectuer des transactions simples (dans un magasin, un club de sport, une gare…). Activités nos 197 à 201.				

Crédits

p. 10 (d) P. Adenis/Laif/REA – **p. 10** (g) G. Morand-Grahame/Hoa Qui/Hachette Photos Illustrations – **p. 10** (bd) R. Biancotto/Hoa Qui/Hachette Photos Illustrations – **p. 10** (bg) H. Gloaguen/TOP – **p. 14** Chamussy/SIPA Press – **p. 20** (d) H. Silvester/Rapho/Hachette Photos Illustrations – **p. 20** (g) Decourty/Jacana/Hoa Qui/Hachette Photos Illustrations – **p. 20** (md) D. Fabas/Jacana/Hachette Photos Illustrations – **p. 20** (mg) P. Box/Reporter Digital/REA – **p. 20** (bd) E.A. Janes/AGE Fotostock/Hoa Qui – **p. 20** (bg) M. Rugner/AGE Fotostock/Hoa Qui – **p. 46** (h) Giuglio/Imagefrance/Hémisphères – **p. 46** (m) Kami/ArabianEye/REA – **p. 46** (b) H. Lesetre/Hoa Qui/Hachette Photos Illustrations – **p. 47** (h) Heeb/Hémisphères – **p. 47** Cintrat/Imagefrance/Hémisphères – **p. 50** S. Cardinale/People Avenue/Corbis – **p. 58** (hd) N. Feanny/REA – **p. 58** (hm) P. Allard/REA – **p. 58** (hg) M. Fourmy/REA – **p. 58** (bd) P. Carter/Reporter Digital/REA – **p. 58** (bm) M. Rudman/REA – **p. 58** (bg) R.F. Locations/Hoa QUI – **p. 82** H. Kehner/Zefa/Corbis – **p. 83** (h) R. Mattes/Explorer/Hoa Qui – **p. 83** P. Bertrand/Hoa Qui/Hachette Photos Illustrations – **p. 106** (d) Sierpinski/TOP – **p. 106** (g) N. J. Norelind/AGE Fotostock/Hoa QUI – **p. 106** (b) E. Valentin/Hoa Qui/Hachette Photos Illustrations – **p. 107** (d) C. Vaisse/Hoa Qui – **p. 107** (g) Denis/REA – **p. 107** (b) Wysocki-Frances/Imagefrance/ Hémisphères – **p. 116** M. Rougemont /TOP – **p. 141** (h) Guy /Imagefrance/Hémisphères – **p. 141** G. Morand Grahame/Hoa Qui – **p. 142** (h)Jacques/Imagefrance/Hémisphères – **p. 142** P. Sittler/REA – **p. 143** J. D. Riesler/Grandeur Nature/Hoa Qui – **p. 152** (d) G. Morand-Grahame/Hoa Qui – **p. 152** (g) B. Decout/REA.

N° éditeur : 10205317 - Dépôt légal : Mars 2014
Imprimé en France par I.M.E. - 25110 Baume les Dames